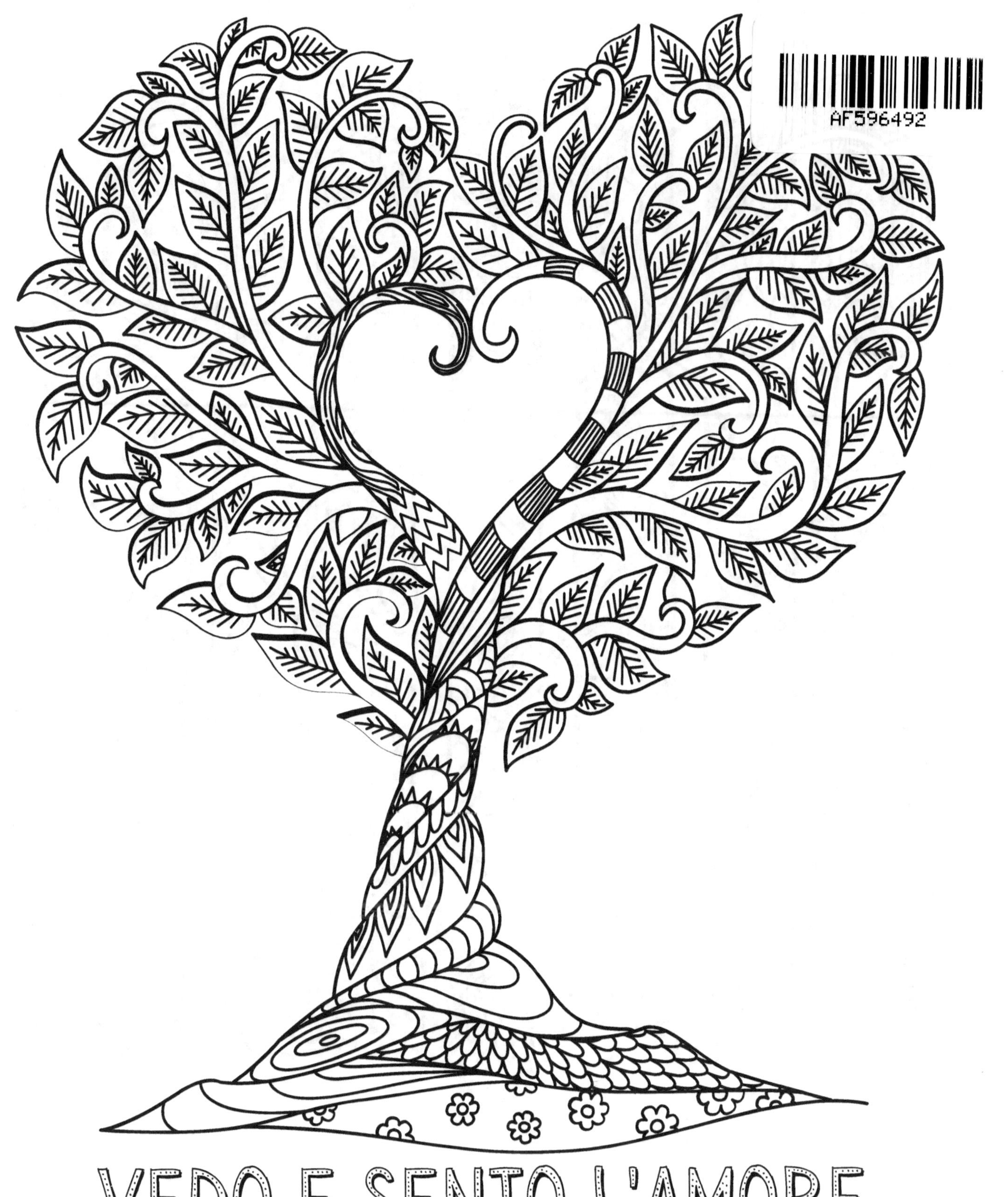

VEDO E SENTO L'AMORE
DEL DIVINO OVUNQUE
NELL'UNIVERSO

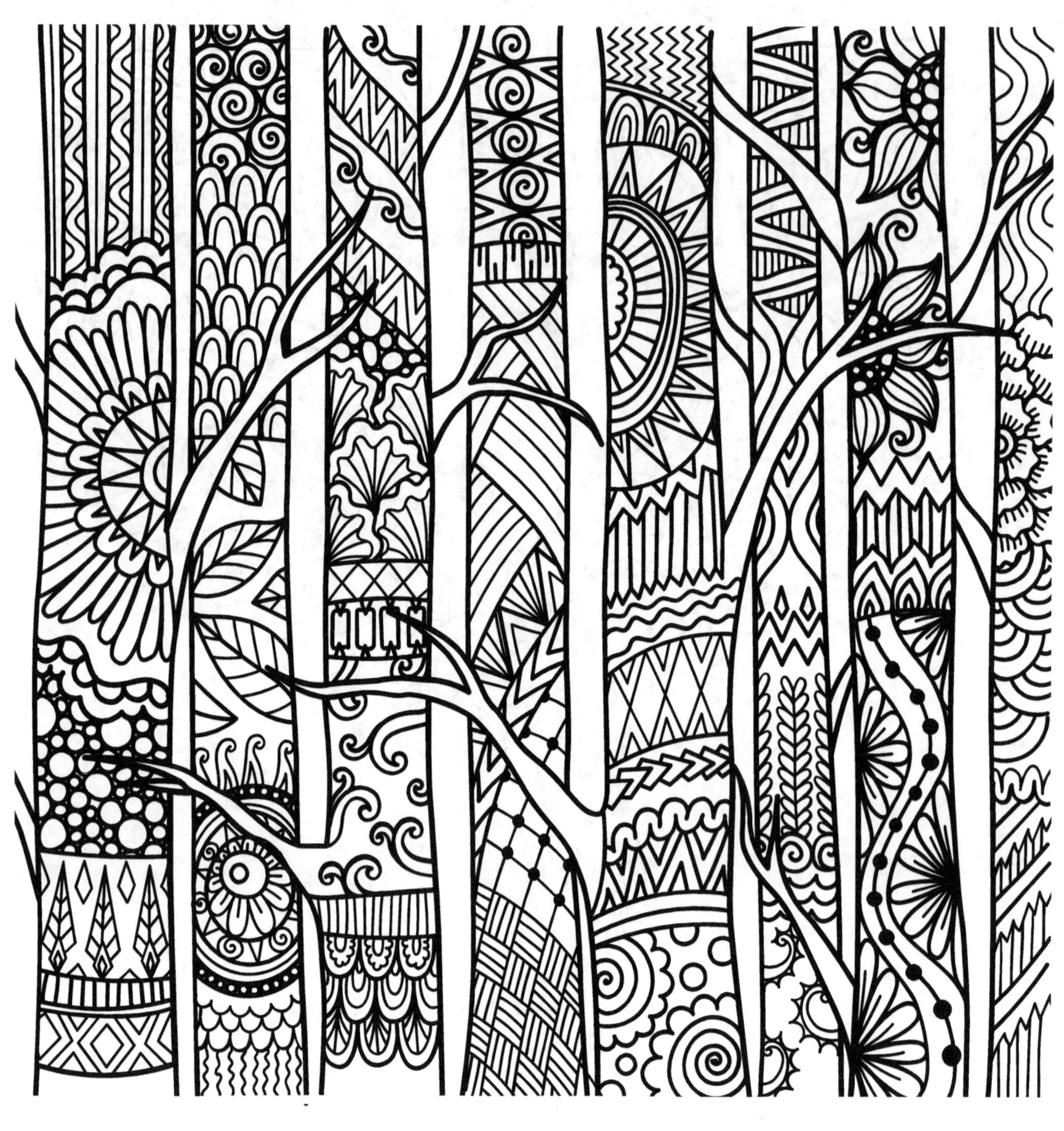

SONO A MIO AGIO E IN PACE CON ME STESSO

LA COLORAZIONE CONSAPEVOLE CREA UN SENSO DI RELAX E PACE. CONSENTI A TE STESSO DI ESSERE NEL MOMENTO PRESENTE, LIBERA LA MENTE, RESPIRA PROFONDAMENTE E SENTI LA TUA ANIMA CONNETTERSI A TUTTO CIÒ CHE È AMORE DENTRO DI TE.
RICORDA CHE SEI L'AMORE DIVINO.
INSPIRA AMORE E SENTI L'AMORE CHE SCORRE ATTRAVERSO OGNI CELLULA DEL TUO ESSERE MENTRE COLORI E TI CONCENTRI SULLE AFFERMAZIONI.
I PENSIERI CHE PENSIAMO E LE PAROLE CHE DICIAMO CREANO IL NOSTRO FUTURO. LA CHIAVE DELLE AFFERMAZIONI È IL SENTIMENTO CHE C'È DIETRO. CONTINUA A CREDERE, A PROVARE AMORE E PERMETTI A TE STESSO DI RICEVERE.
ESPIRA EVENTUALI SENTIMENTI O EMOZIONI NEGATIVE CHE POTREBBERO EMERGERE E SOSTITUISCILI CON AMORE E GRATITUDINE.

ROSSO: PASSIONE, ENERGIA, AZIONE, FORZA, RADICAMENTO
ARANCIONE: ENTUSIASMO, EMOZIONE, OTTIMISMO, CREATIVITÀ, PIACERE
GIALLO: FELICITÀ, POTERE, POSITIVITÀ, INTELLETTO, DIVERTIMENTO
VERDE: ARMONIA, SALUTE, CRESCITA, NATURA, ACCETTAZIONE
BLU: CALMA, ESPRESSIONE DI SÉ, FIDUCIA, LEALTÀ, RESPONSABILITÀ
VIOLA: SPIRITUALITÀ, IMMAGINAZIONE, MISTERO, REGALITÀ, FORZA
TURCHESE: CALMA, CHIAREZZA, COMUNICAZIONE, COMPASSIONE, INTUIZIONE
BIANCO: PUREZZA, INNOCENZA, PULIZIA, PERFEZIONE, GUARIGIONE
ROSA: COMPASSIONE, AMORE, FEMMINILITÀ, GIOCOSITÀ, GIOVINEZZA
NERO: POTERE, RAFFINATEZZA, PROTEZIONE, ELEGANZA, PACE

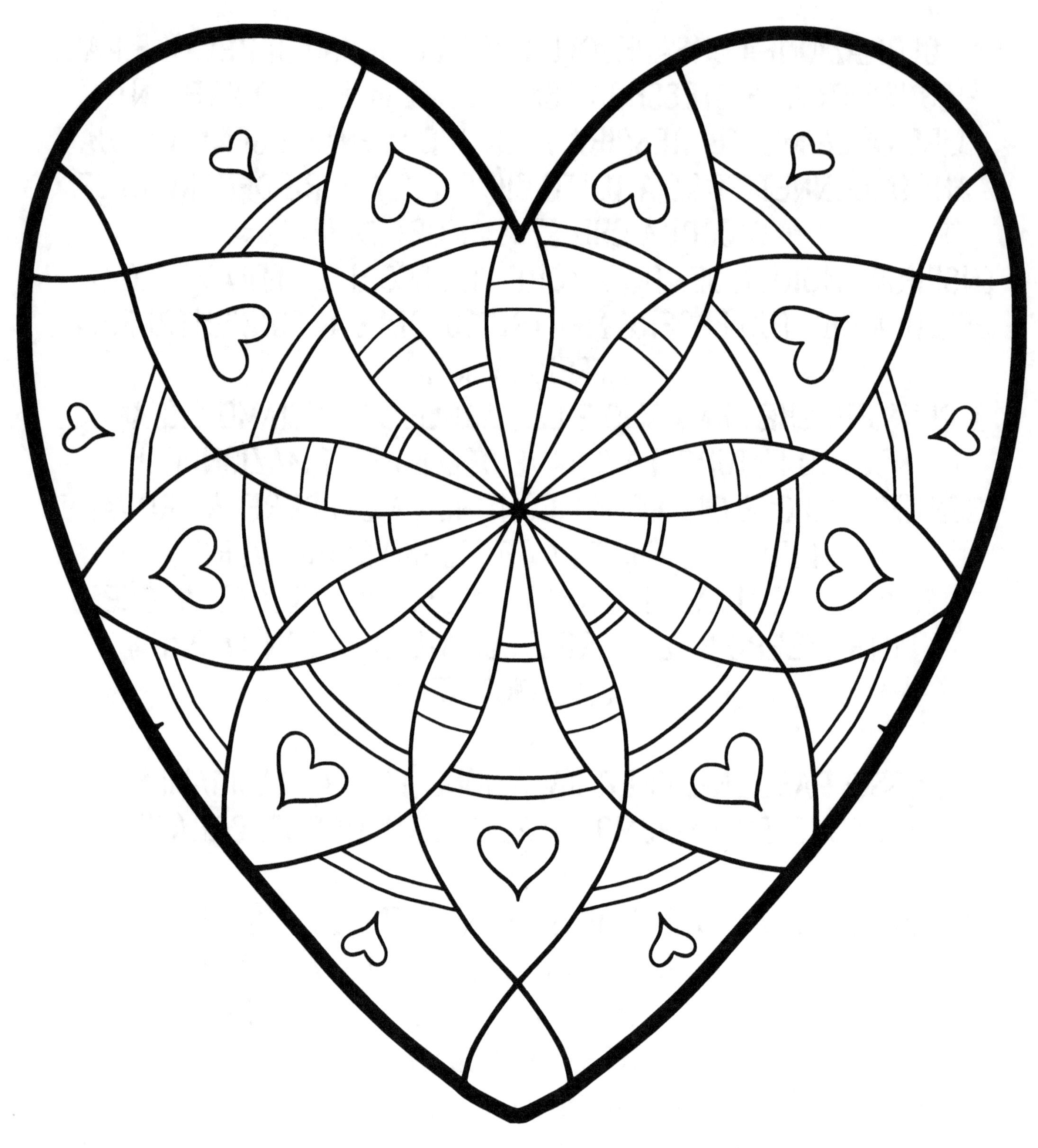

L'AMORE PURO È LA QUALITÀ STESSA DEL MIO ESSERE

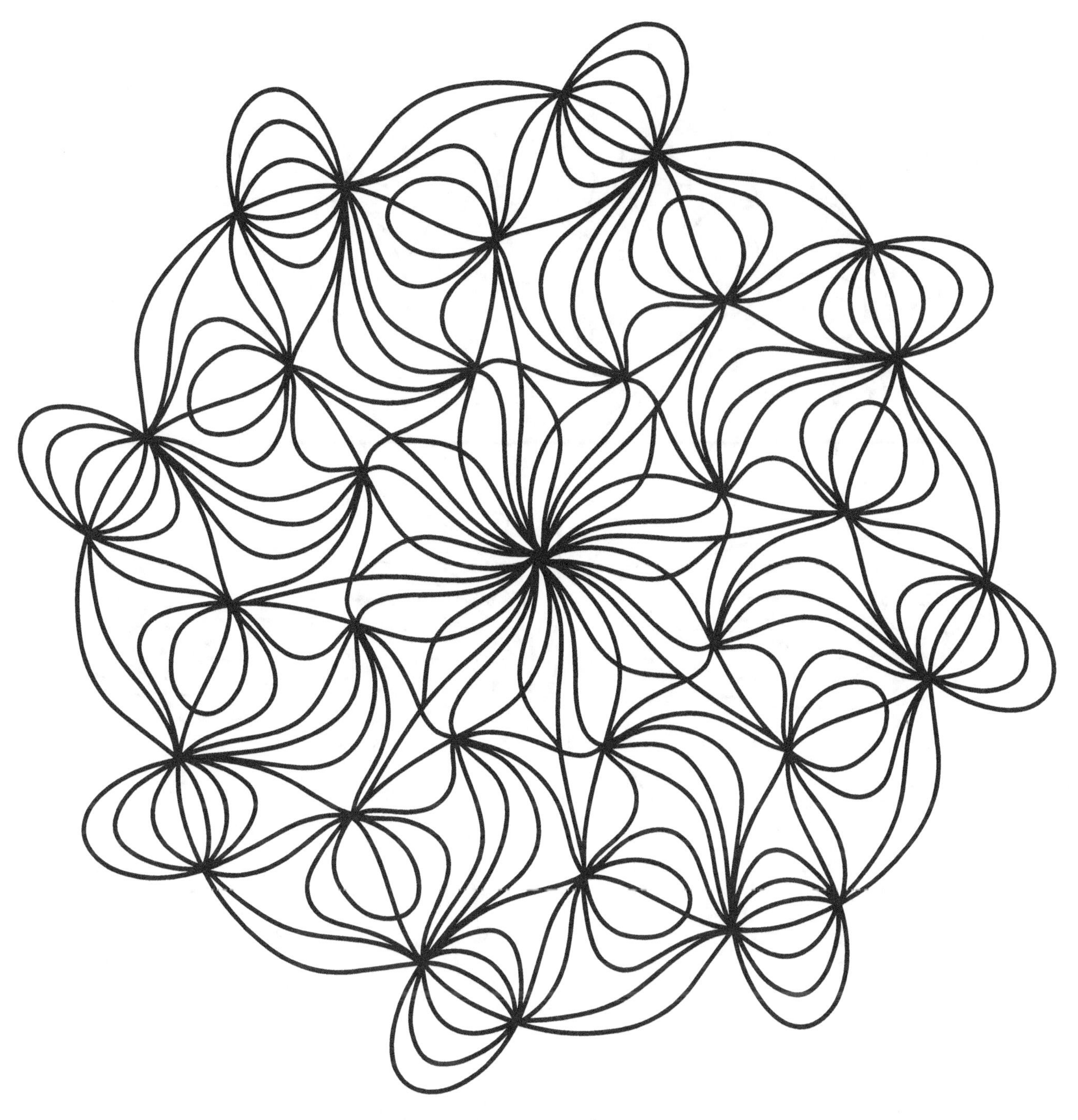

SONO DESIDEROSO DI
IMPARARE E
CRESCERE NELLA VITA

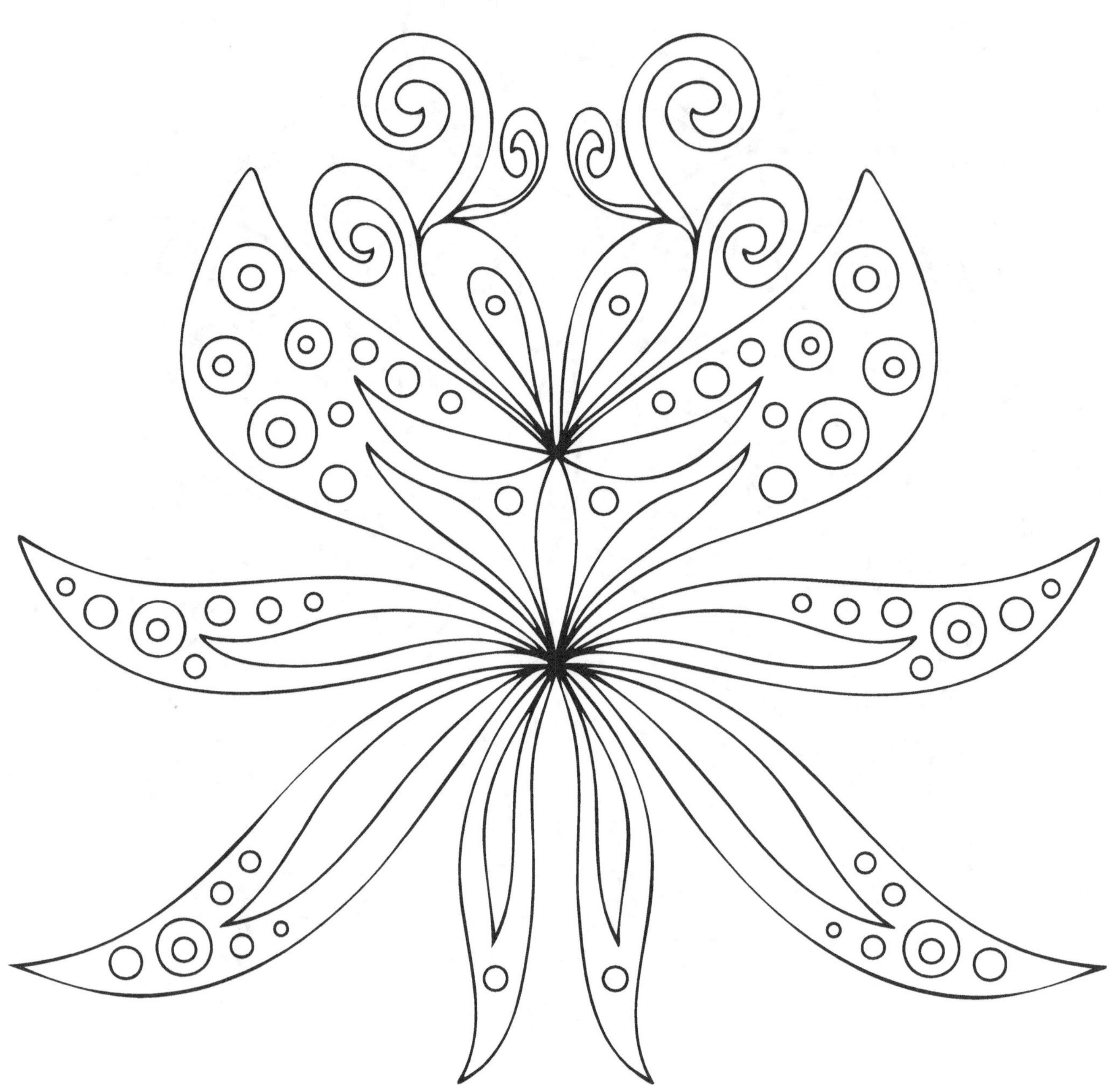

AMO ME STESSO
PROPRIO COME
SONO

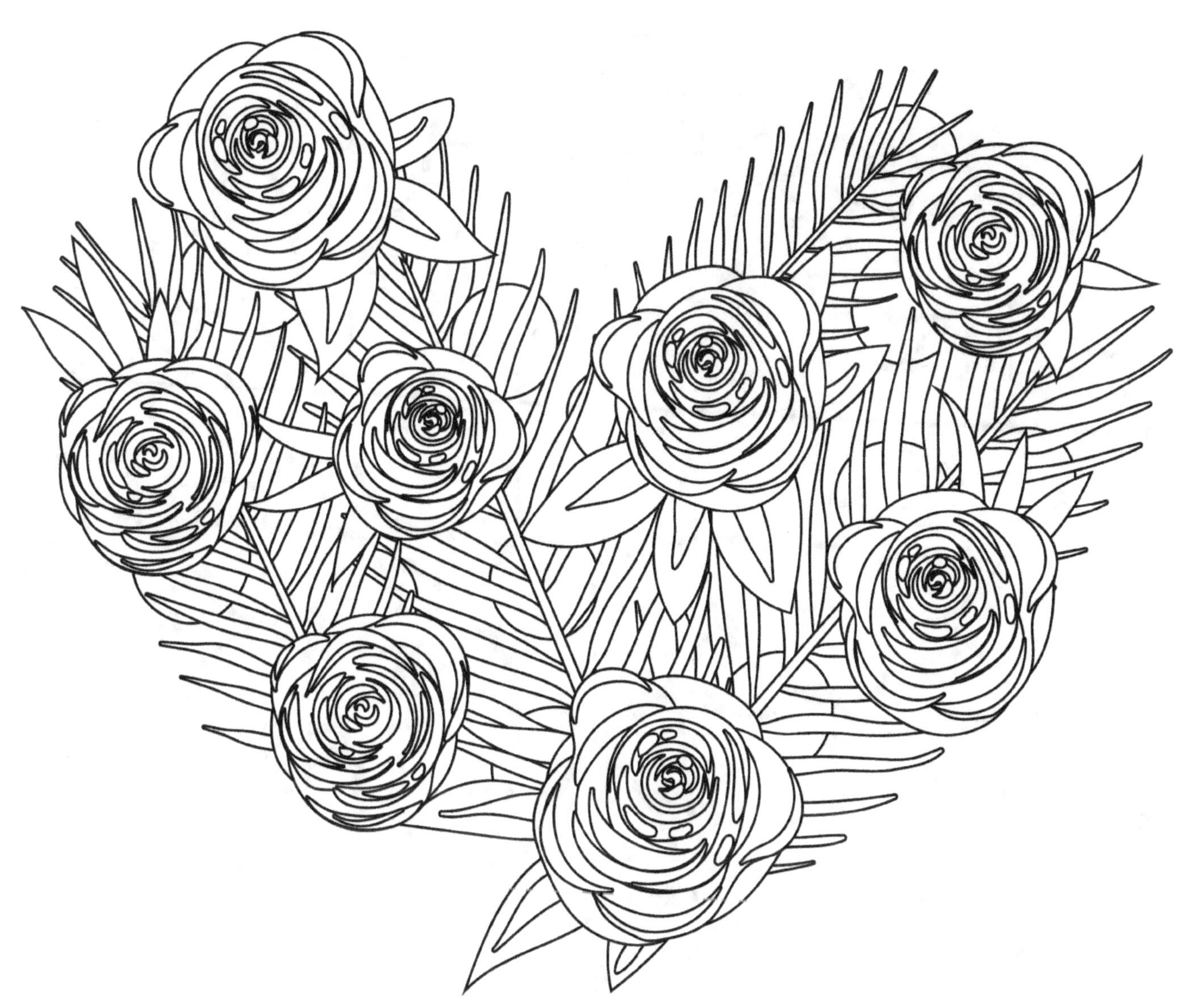

LA FELICITÀ INIZIA CON
IO E SOLO IO

HO IL POTERE DI CREARE LA
MIA FELICITÀ

ALTRE PERSONE APPREZZANO IL MIO AMORE

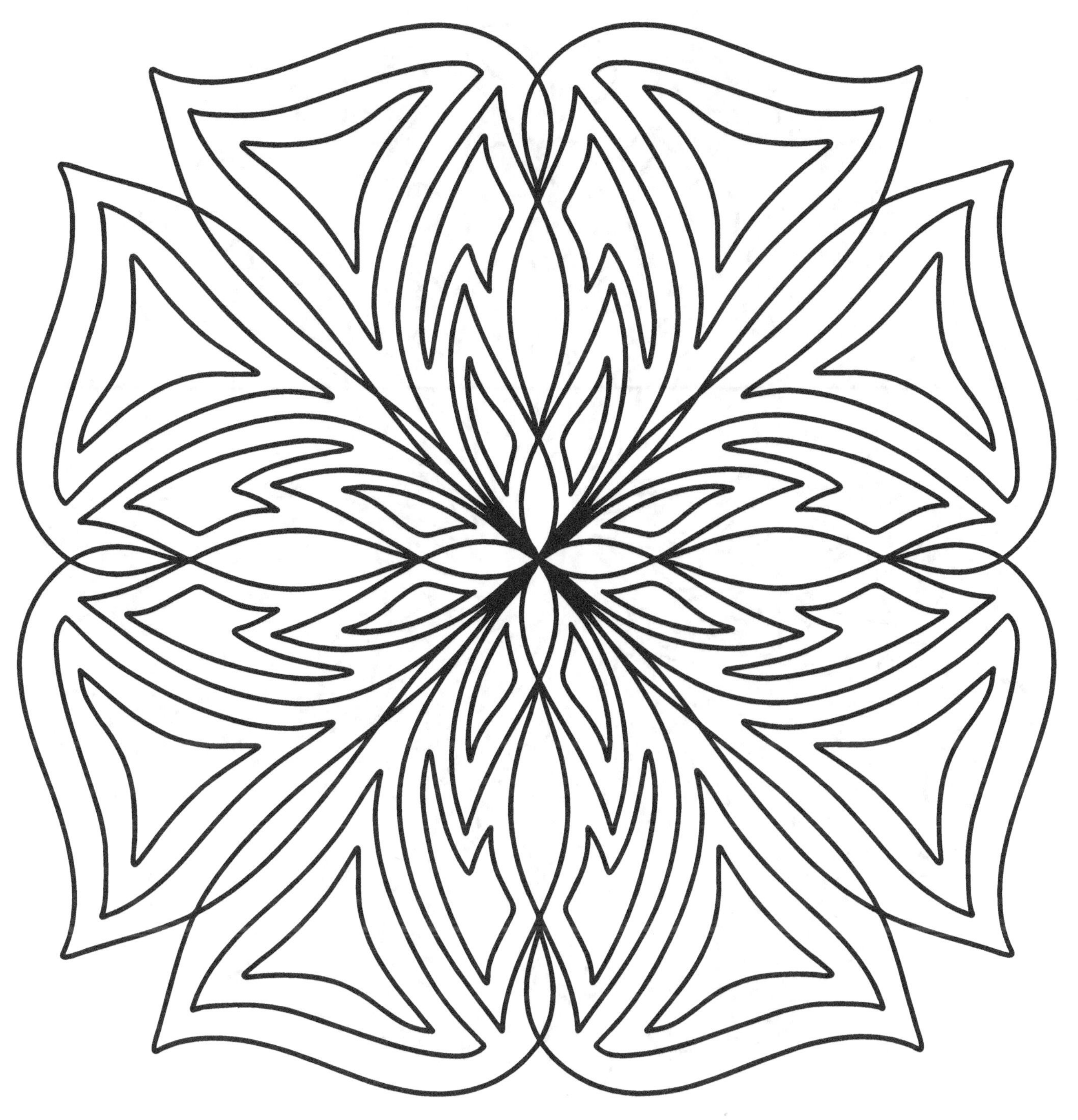

MI SENTO AMATO
E APPREZZATO

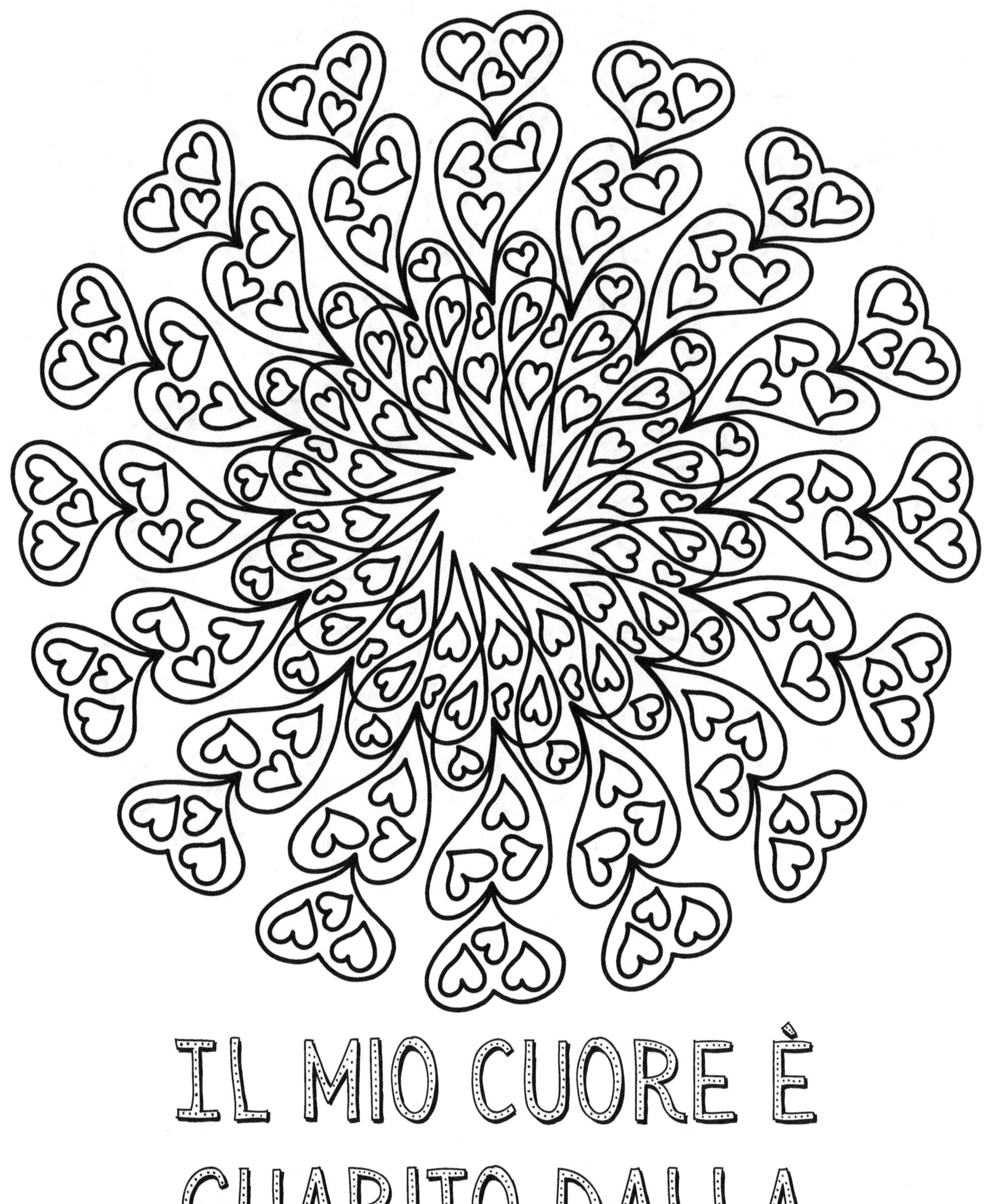

IL MIO CUORE È GUARITO DALLA ROTTURA

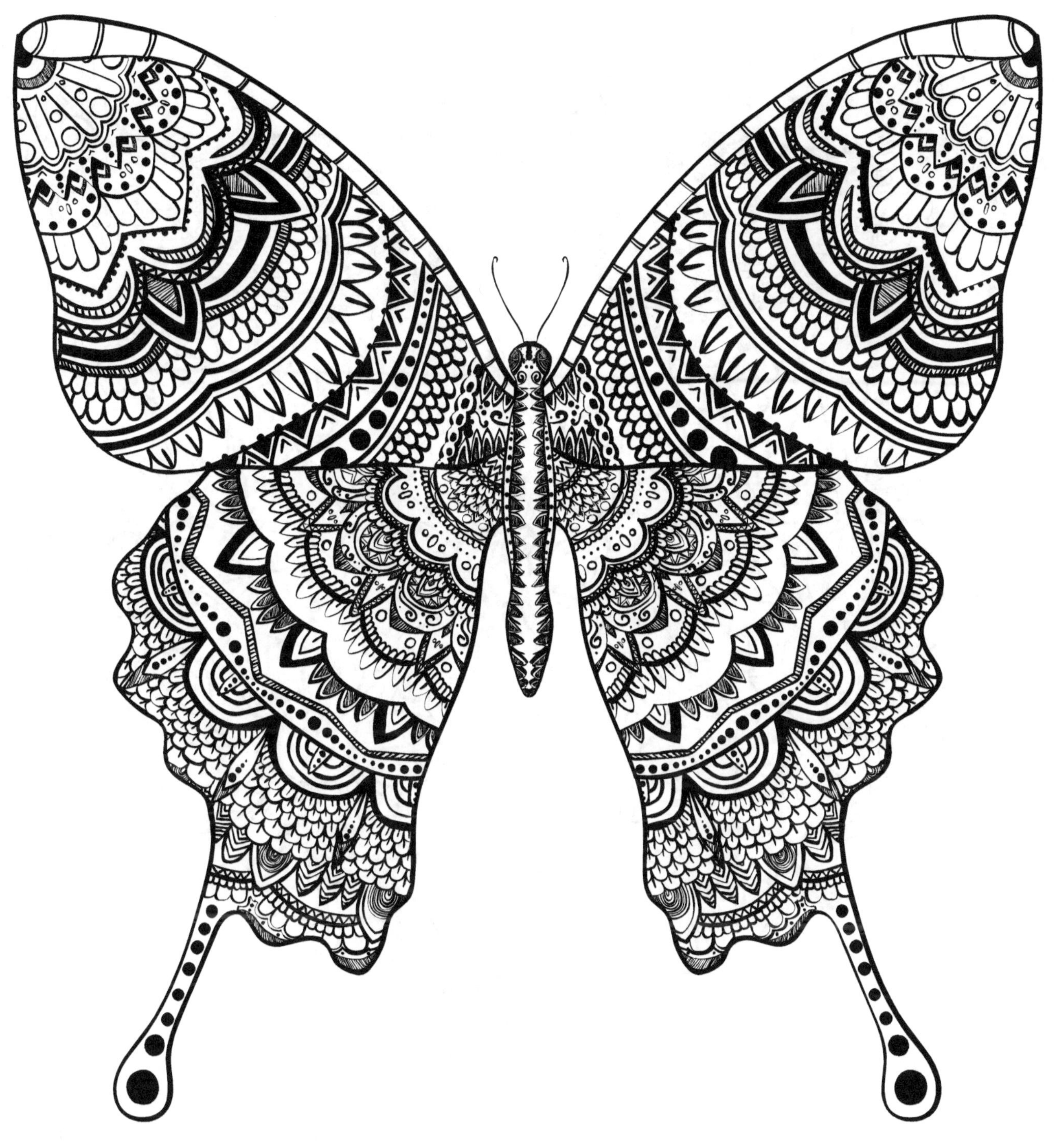

SONO GRATO PER
L'AMORE NELLA MIA VITA

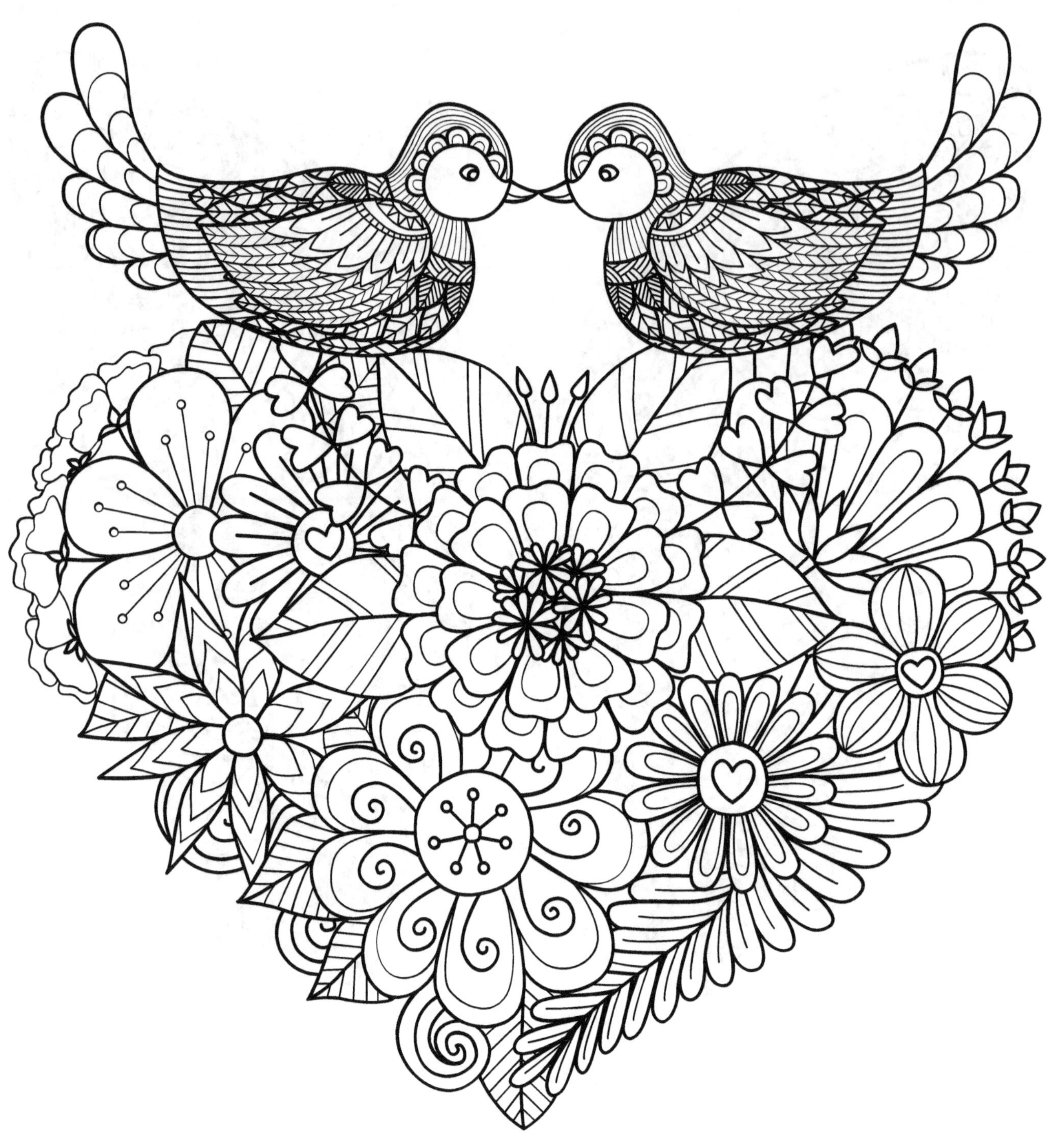

SONO DEGNO DI AMORE

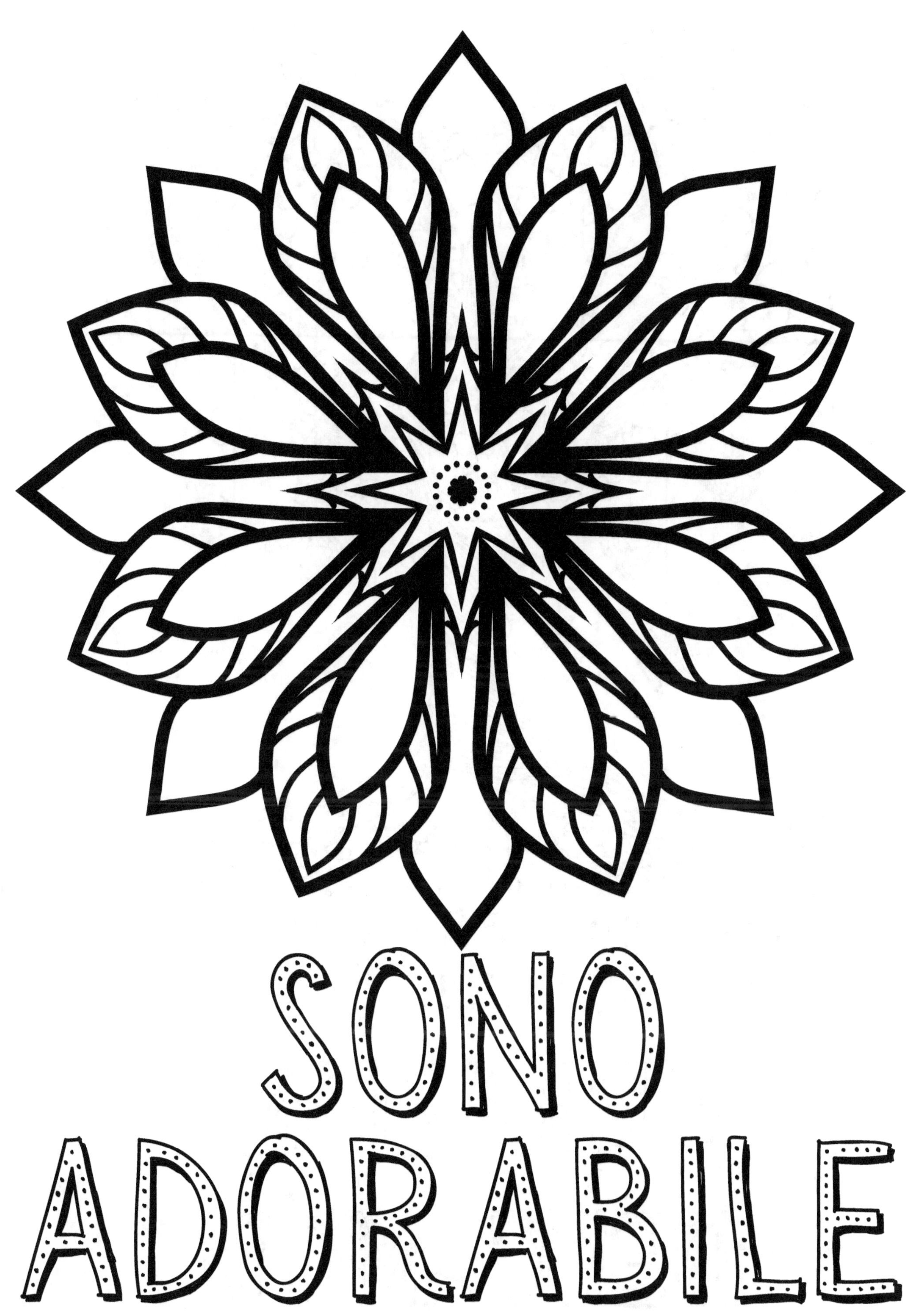
SONO
ADORABILE

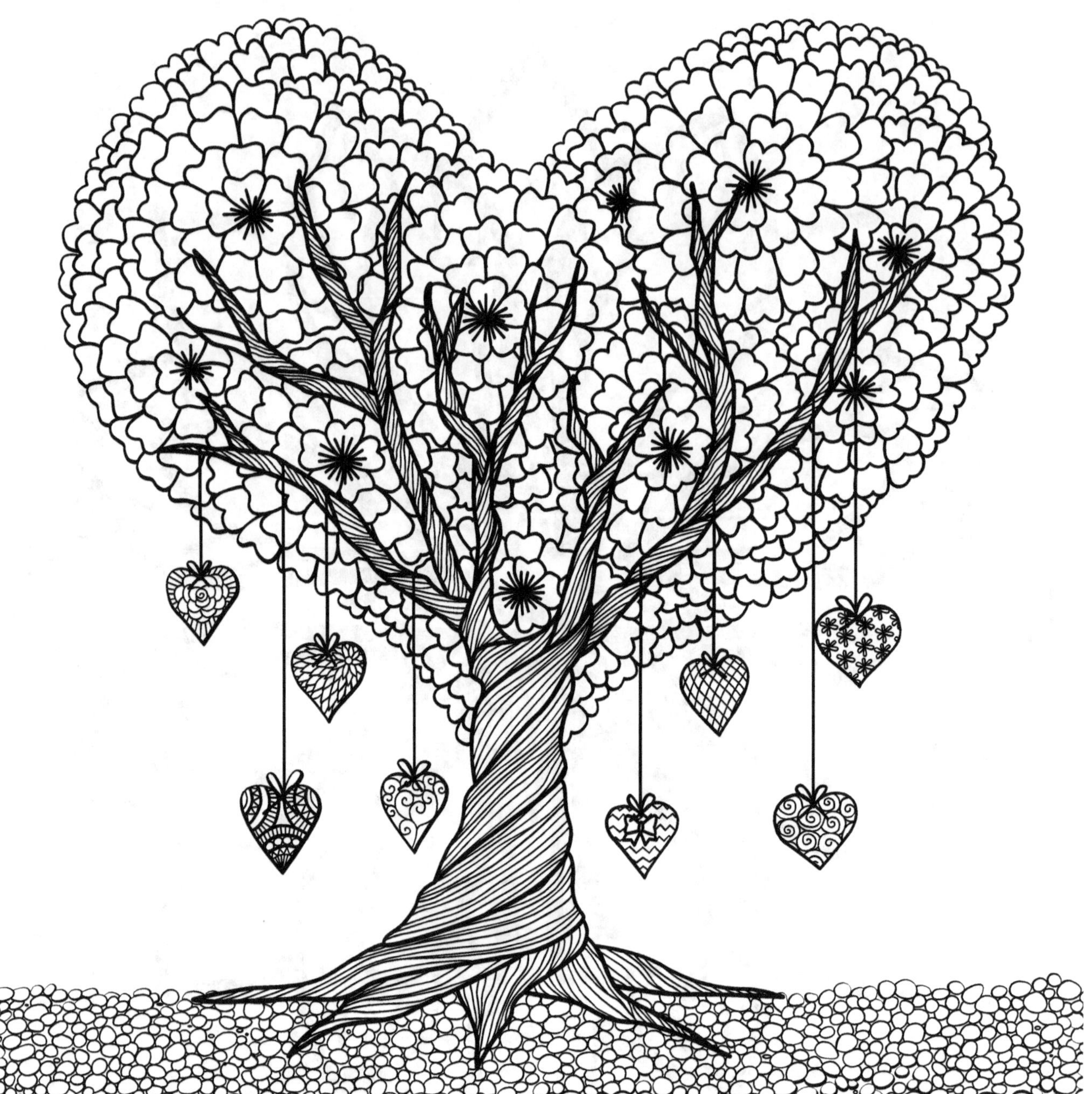

SONO PIENO DI VIBRAZIONE DELL'AMORE

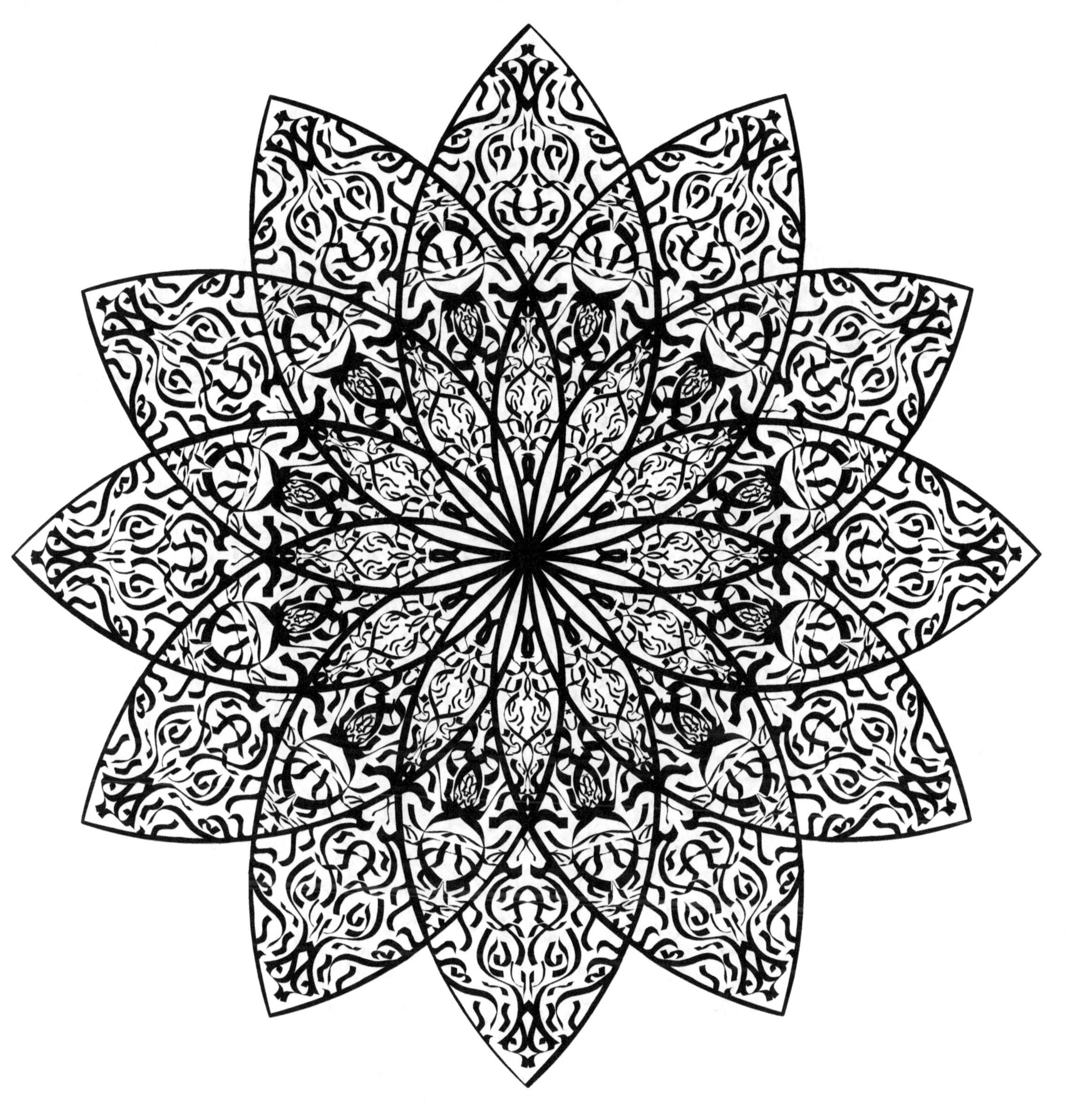

SONO CIRCONDATO DA PERSONE CHE MI AMANO INCONDIZIONATAMENTE

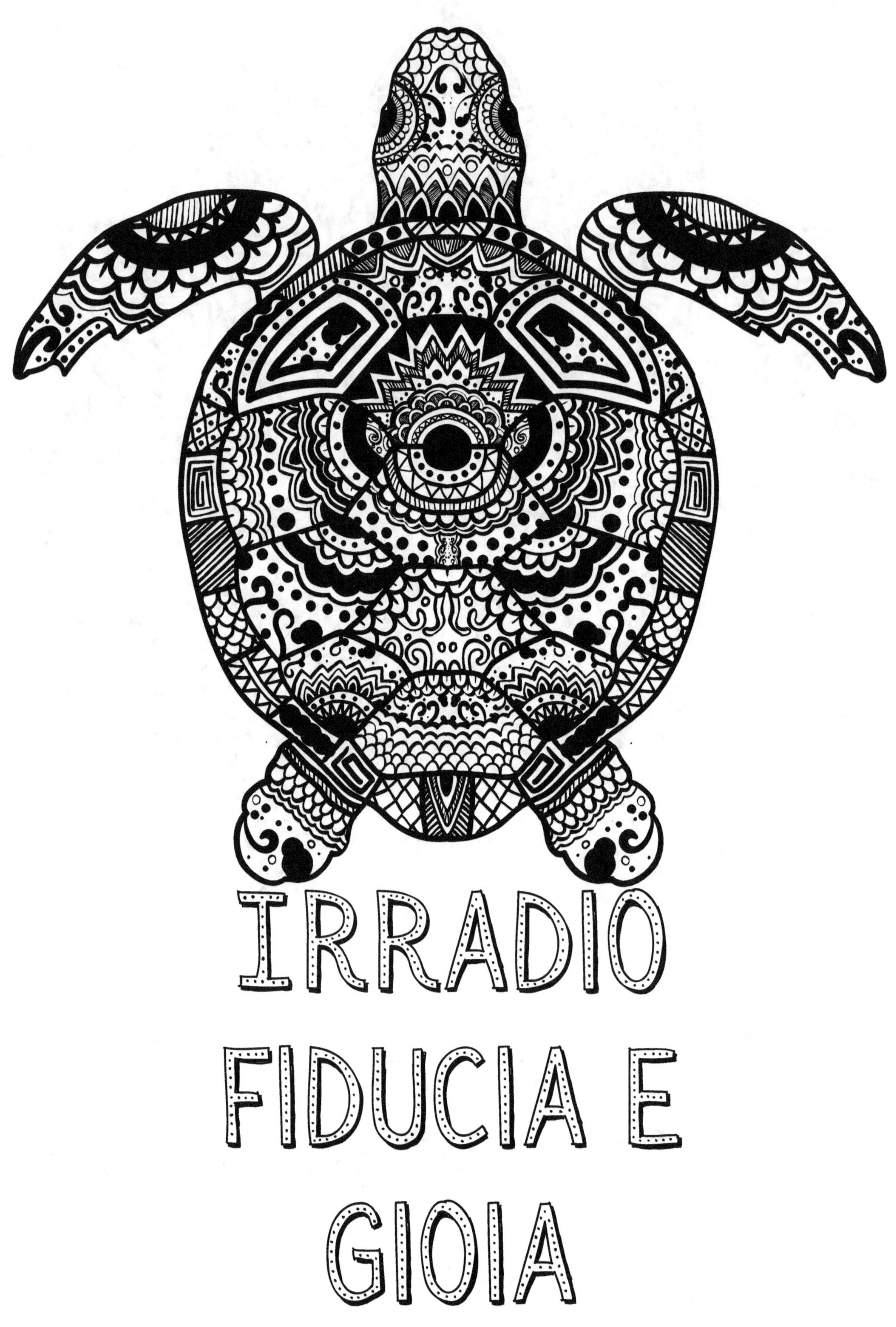
IRRADIO
FIDUCIA E
GIOIA

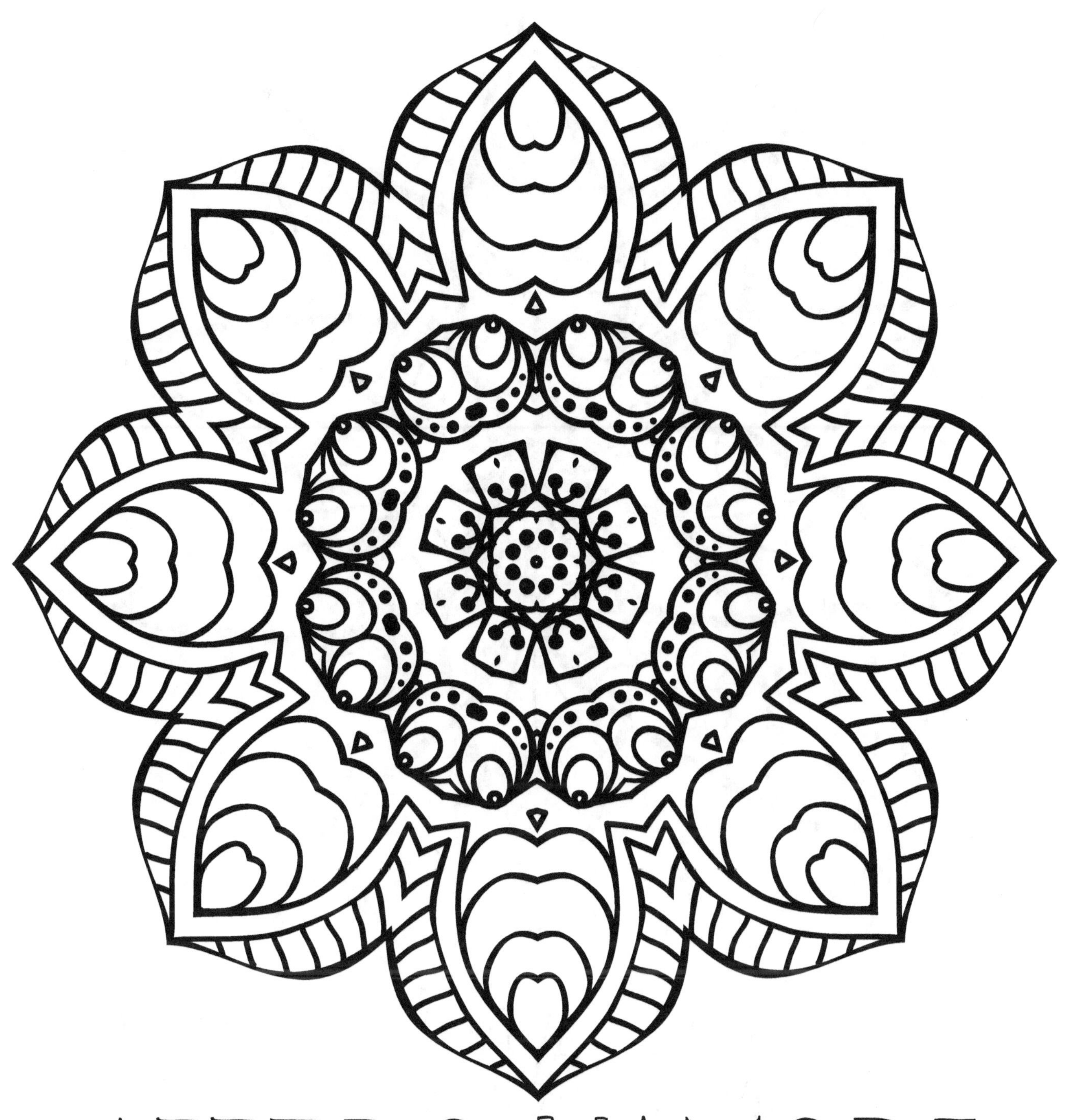

ATTIRO L'AMORE
NATURALMENTE
OVUNQUE IO VADA

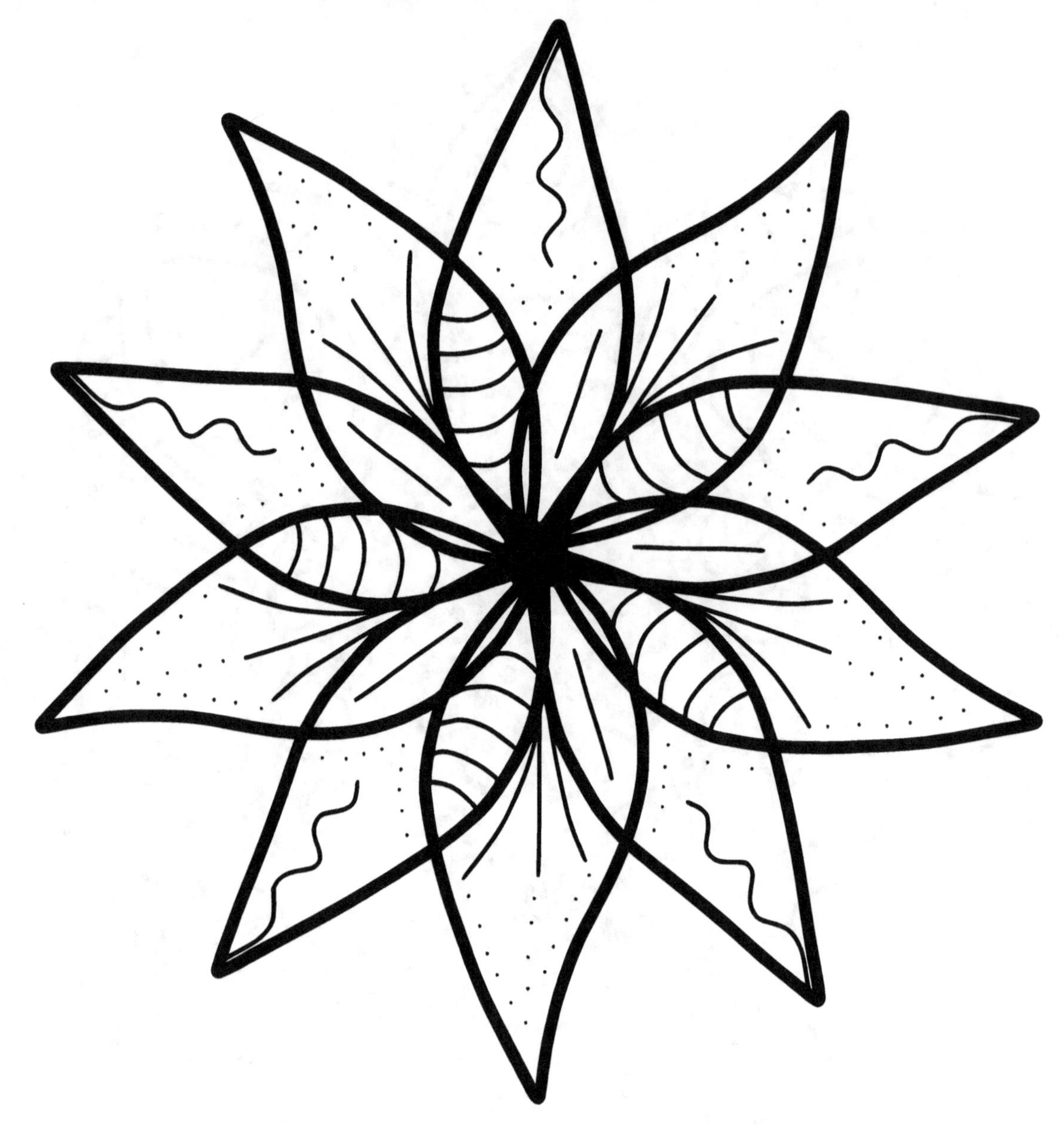

PIÙ MI AMO, PIÙ AMORE RICEVO DA ALTRI

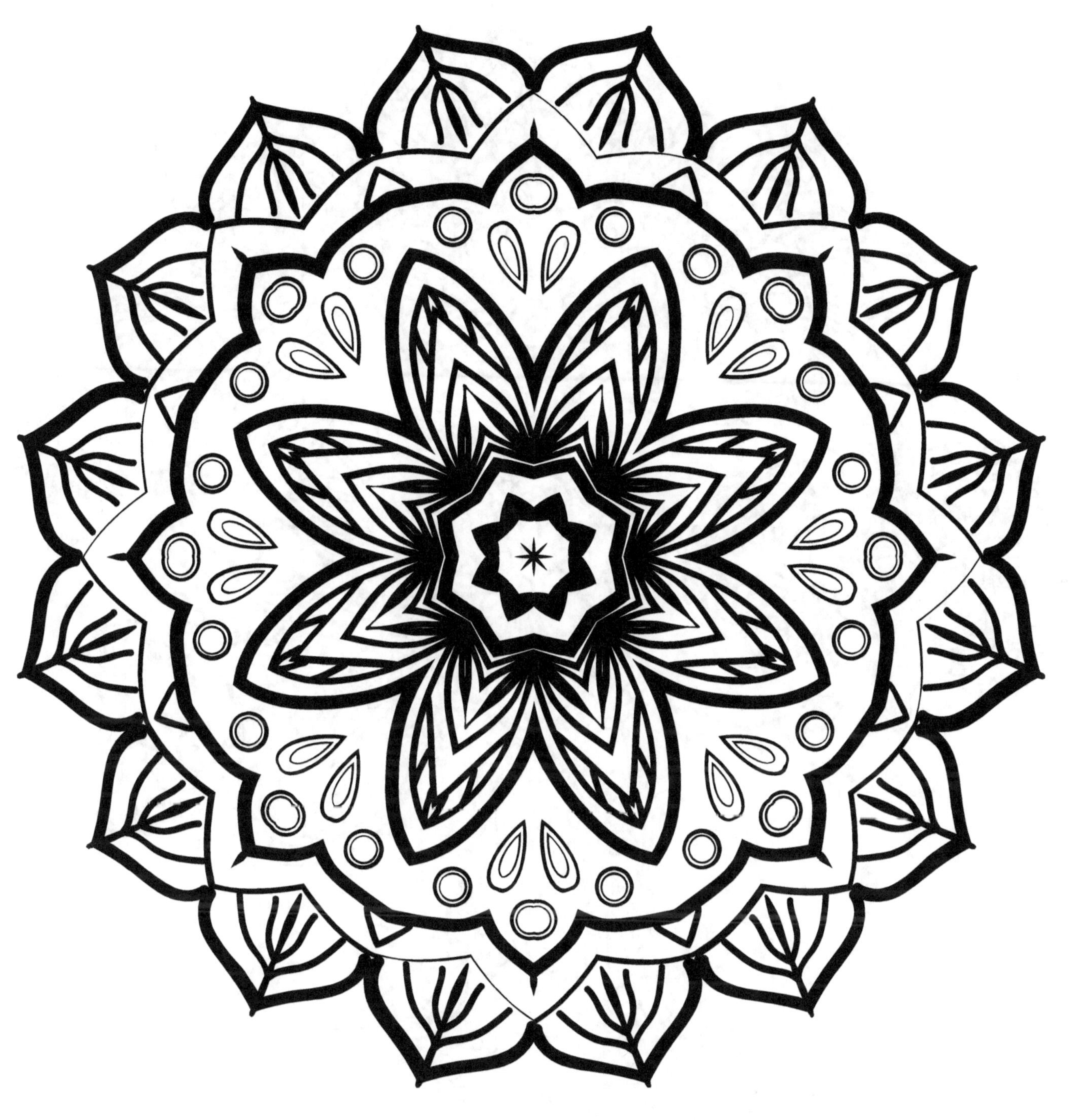

IL VERO AMORE
PARTE DA DENTRO

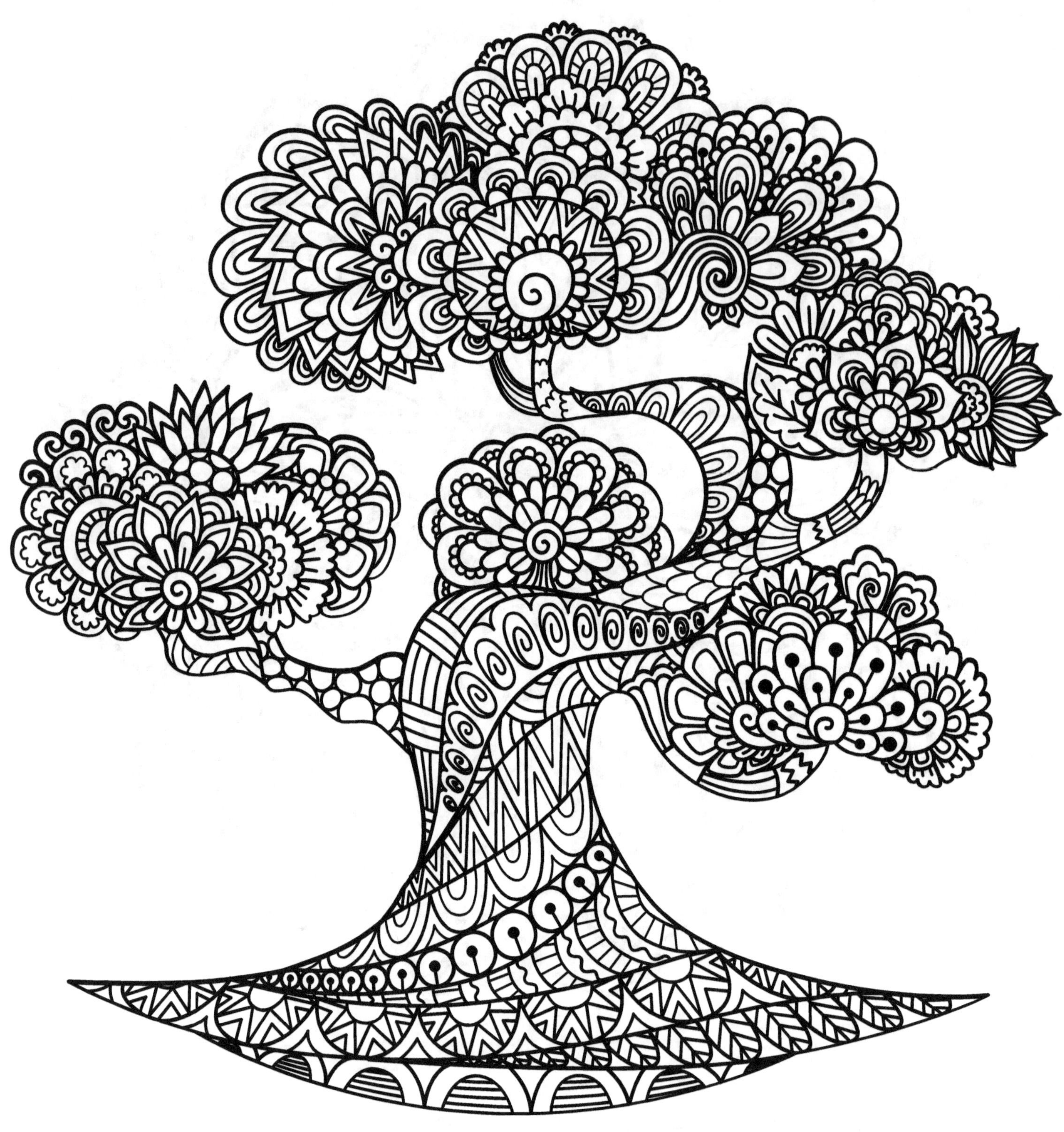

SORRIDO FACILMENTE

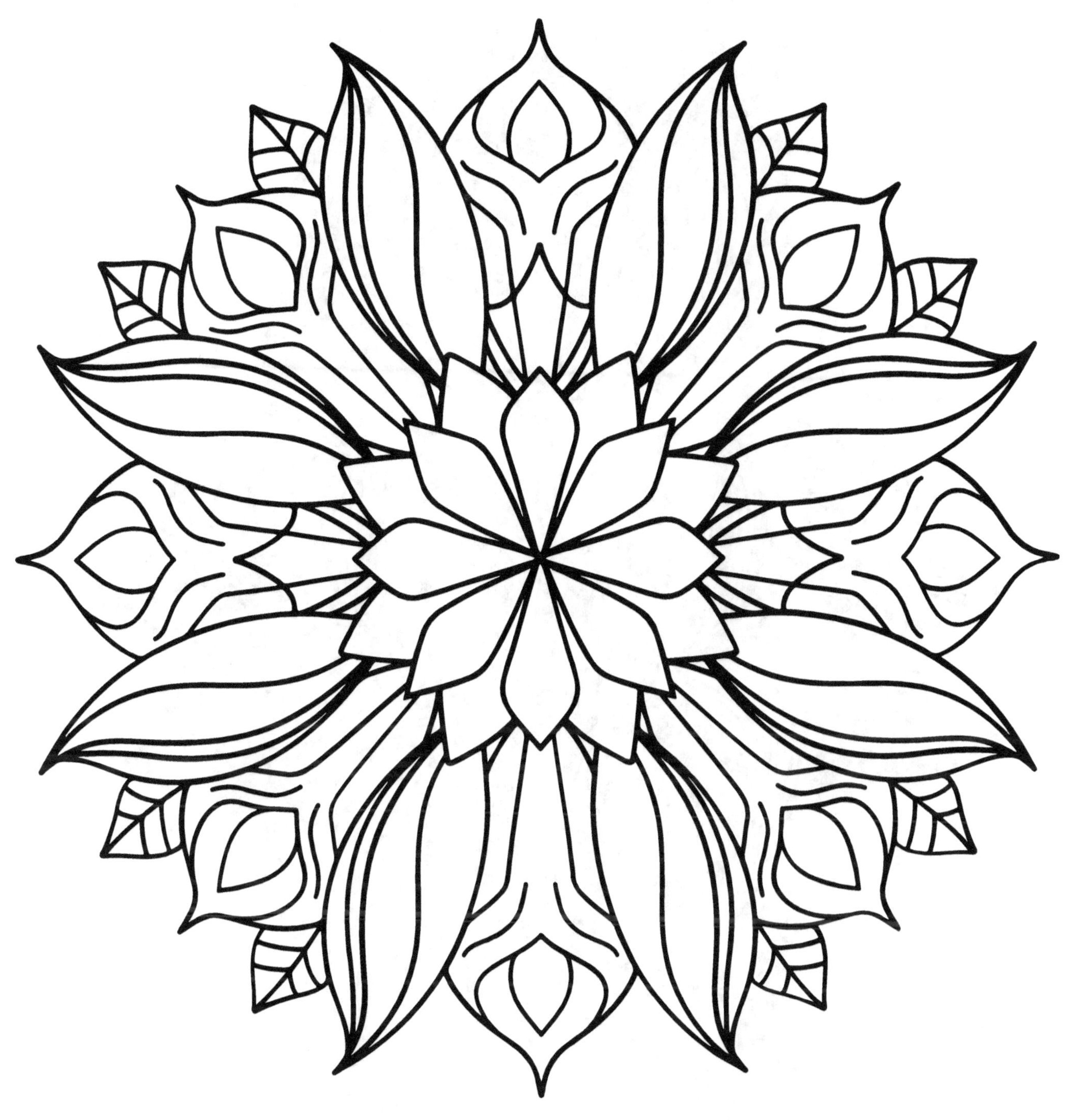

SONO ABBONDANTE
SEMPRE IN TUTTI I MODI

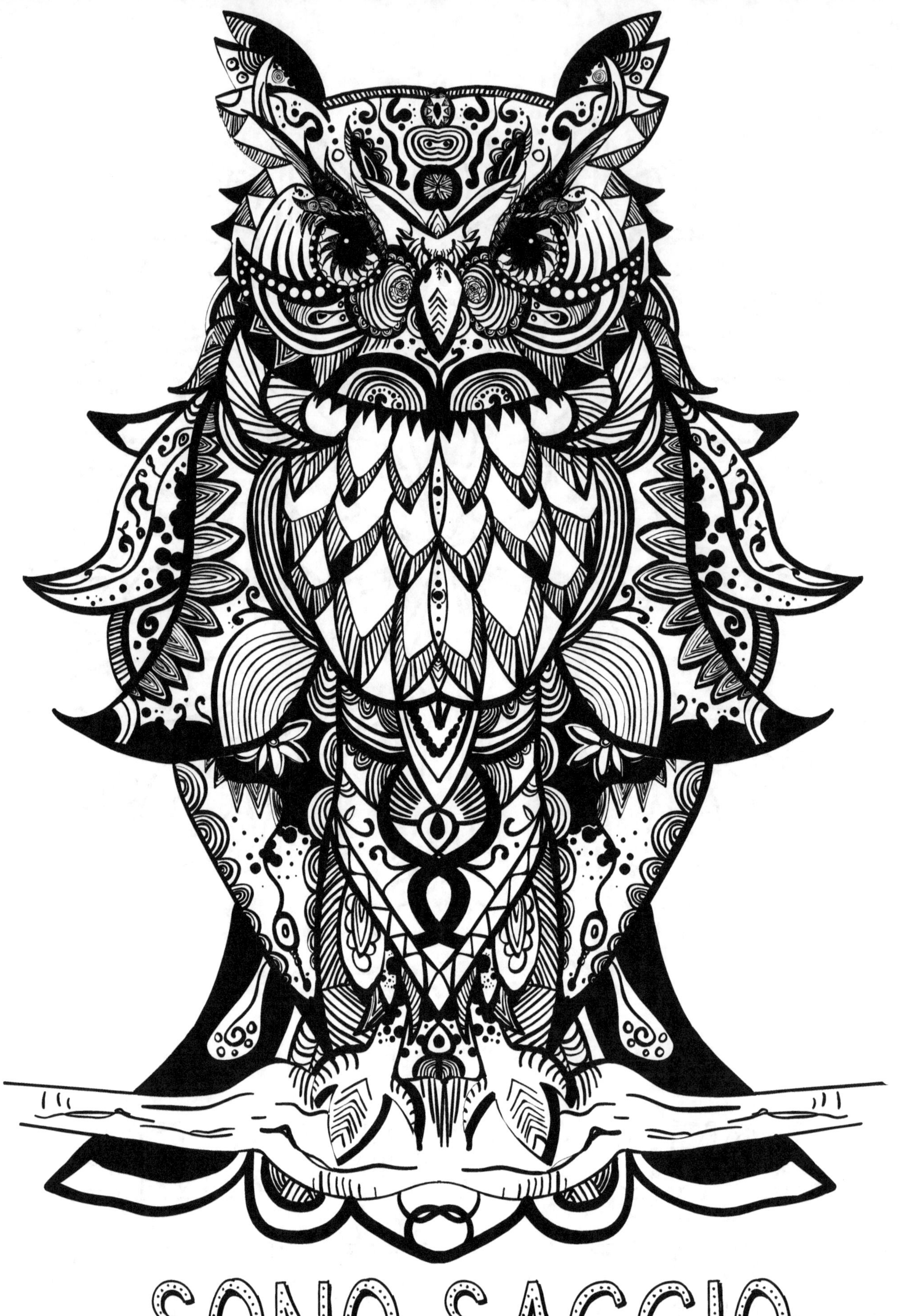

SONO SAGGIO

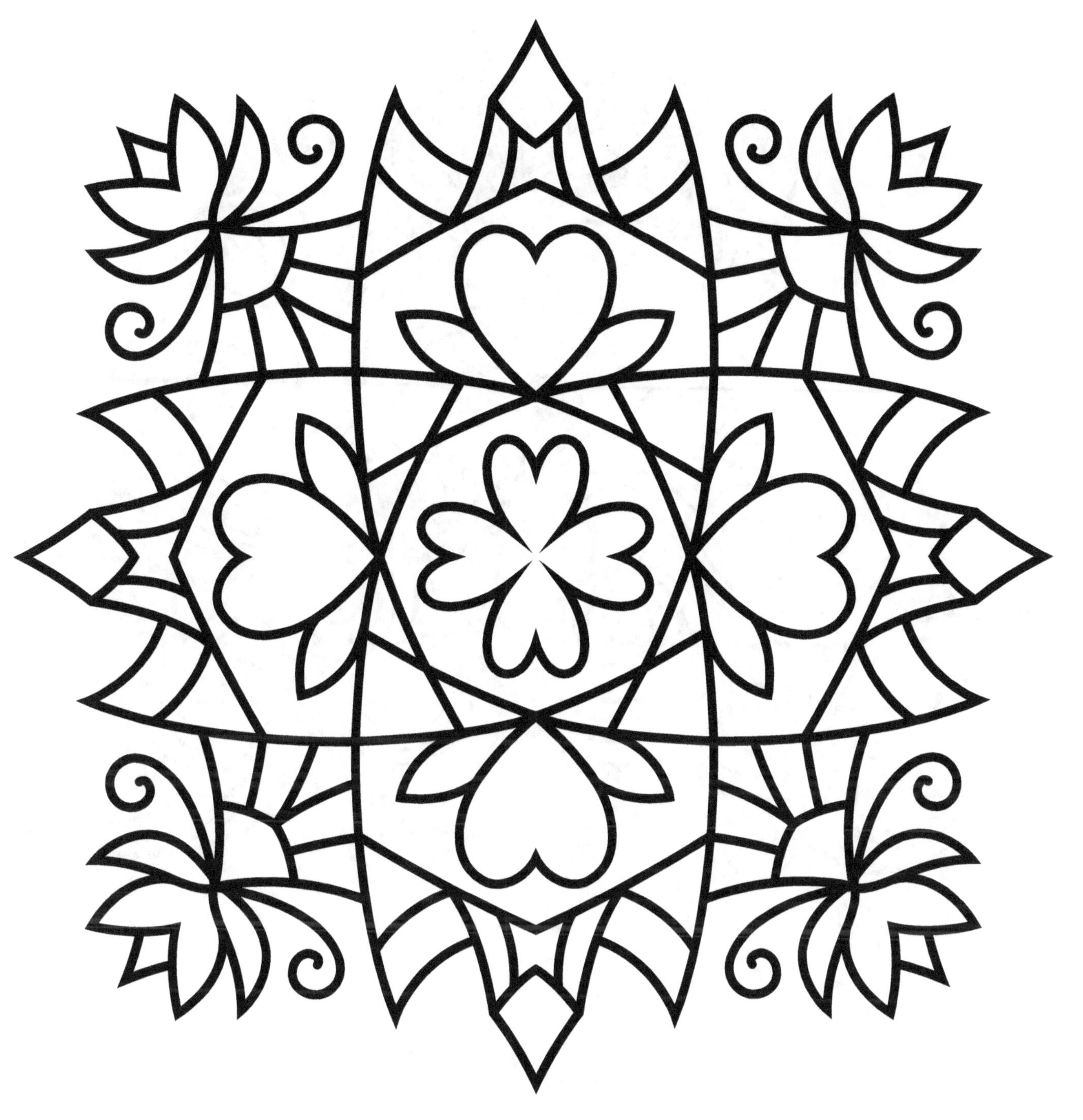

SONO

AMORE DIVINO

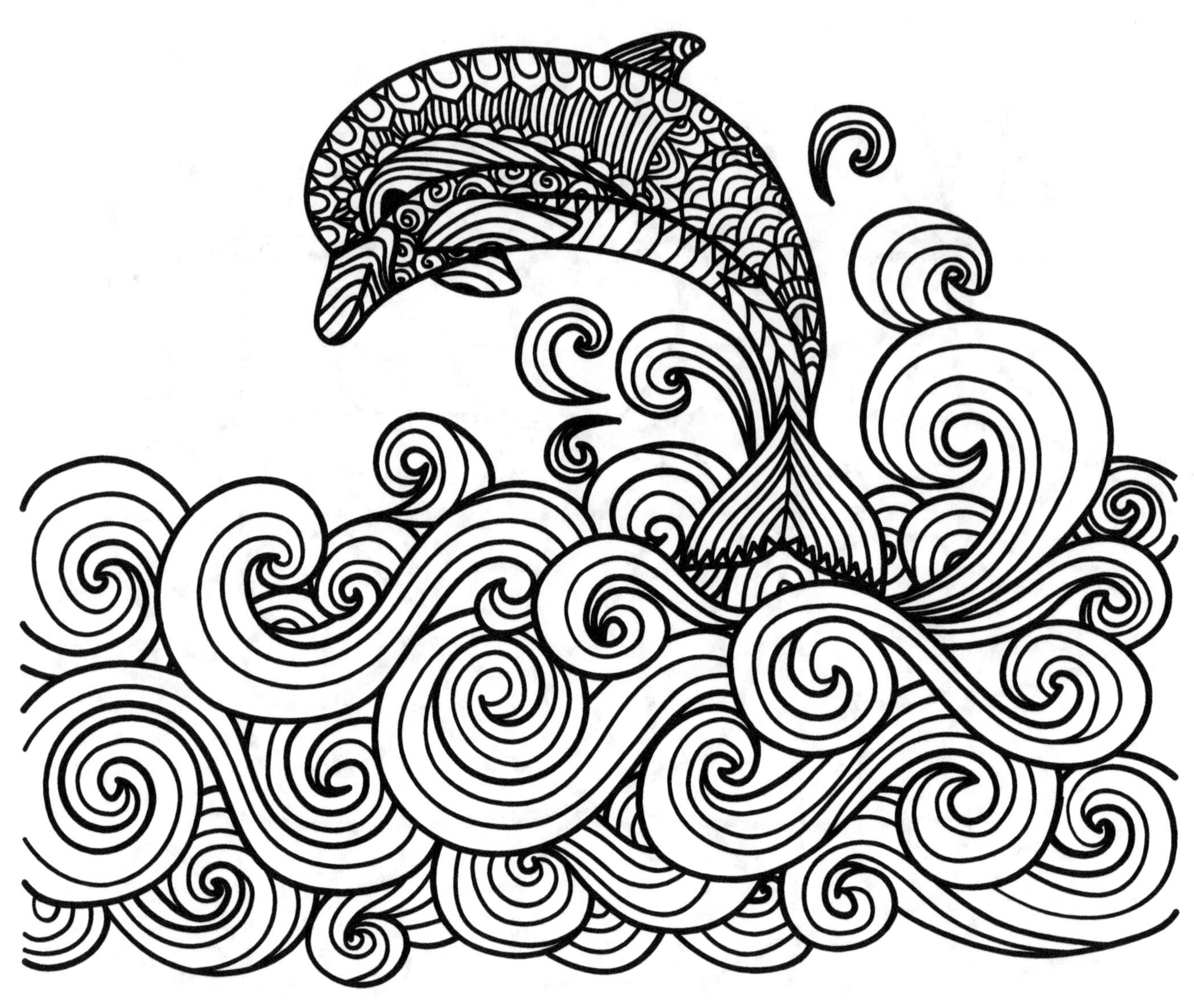

ATTIRO RELAZIONI SANE, AMOREVOLI E RISPETTOSE

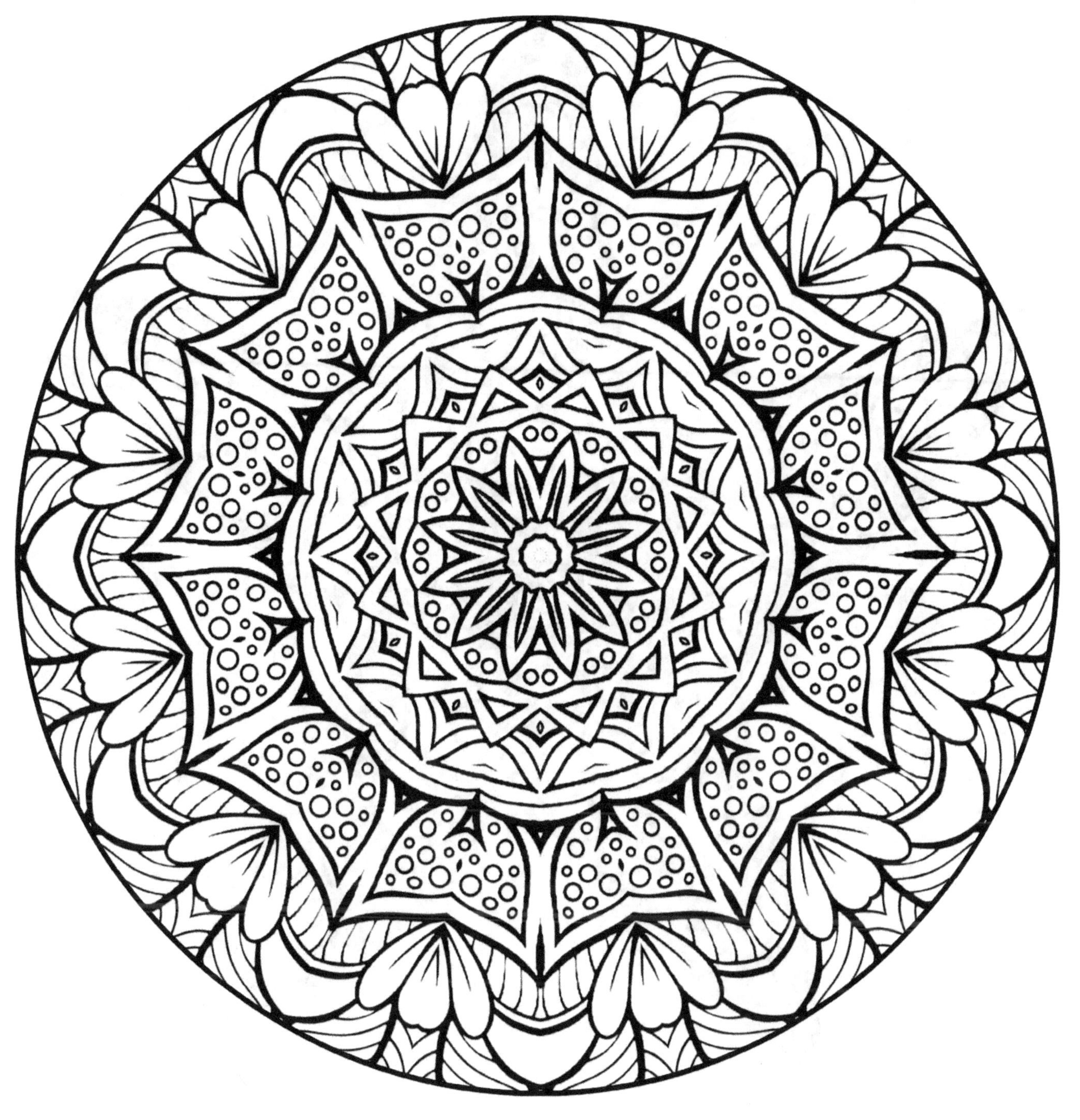

RICEVO FACILMENTE MIRACOLI

BRILLO COME
UNA STELLA

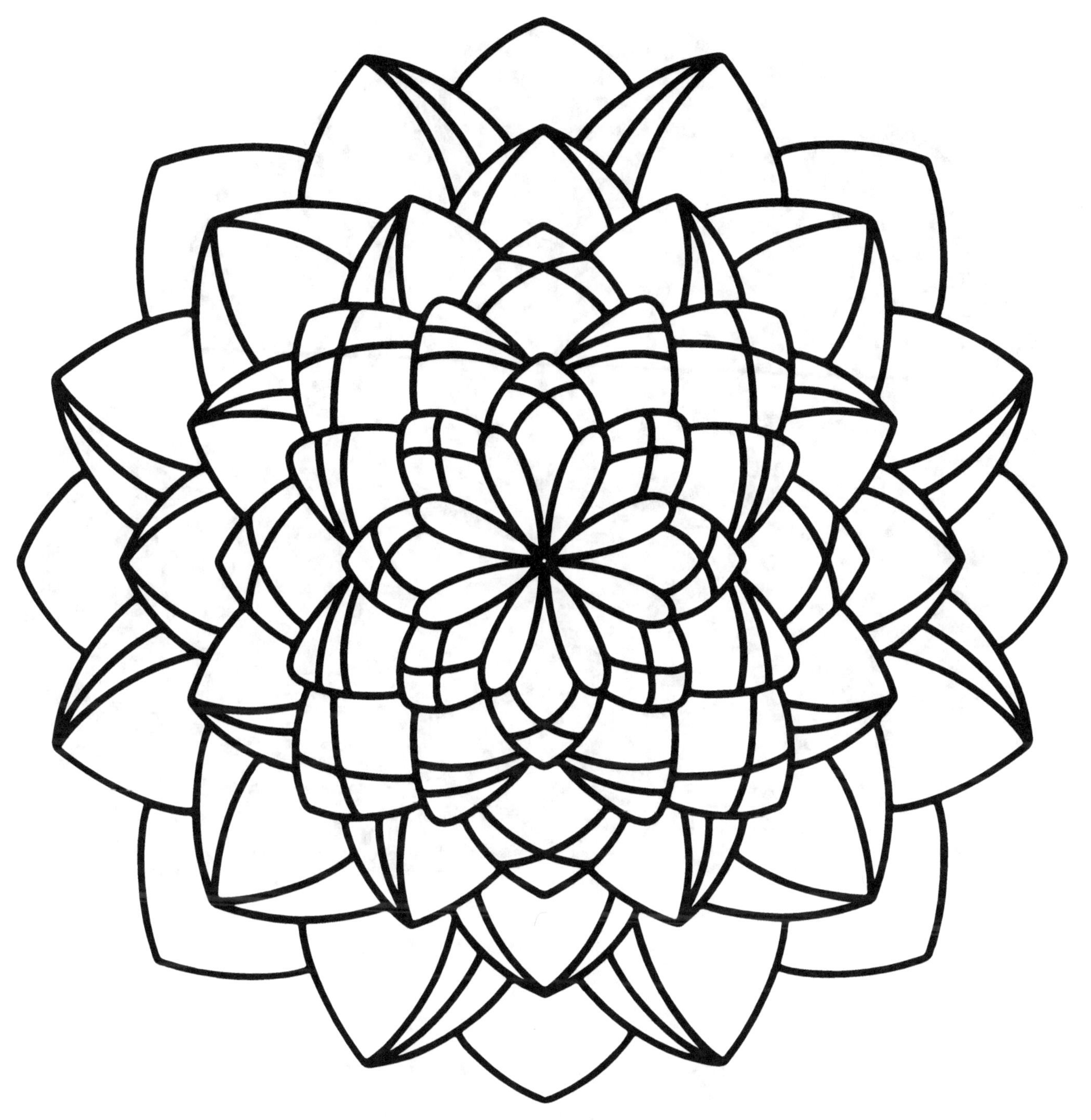

SONO GRAZIOSO

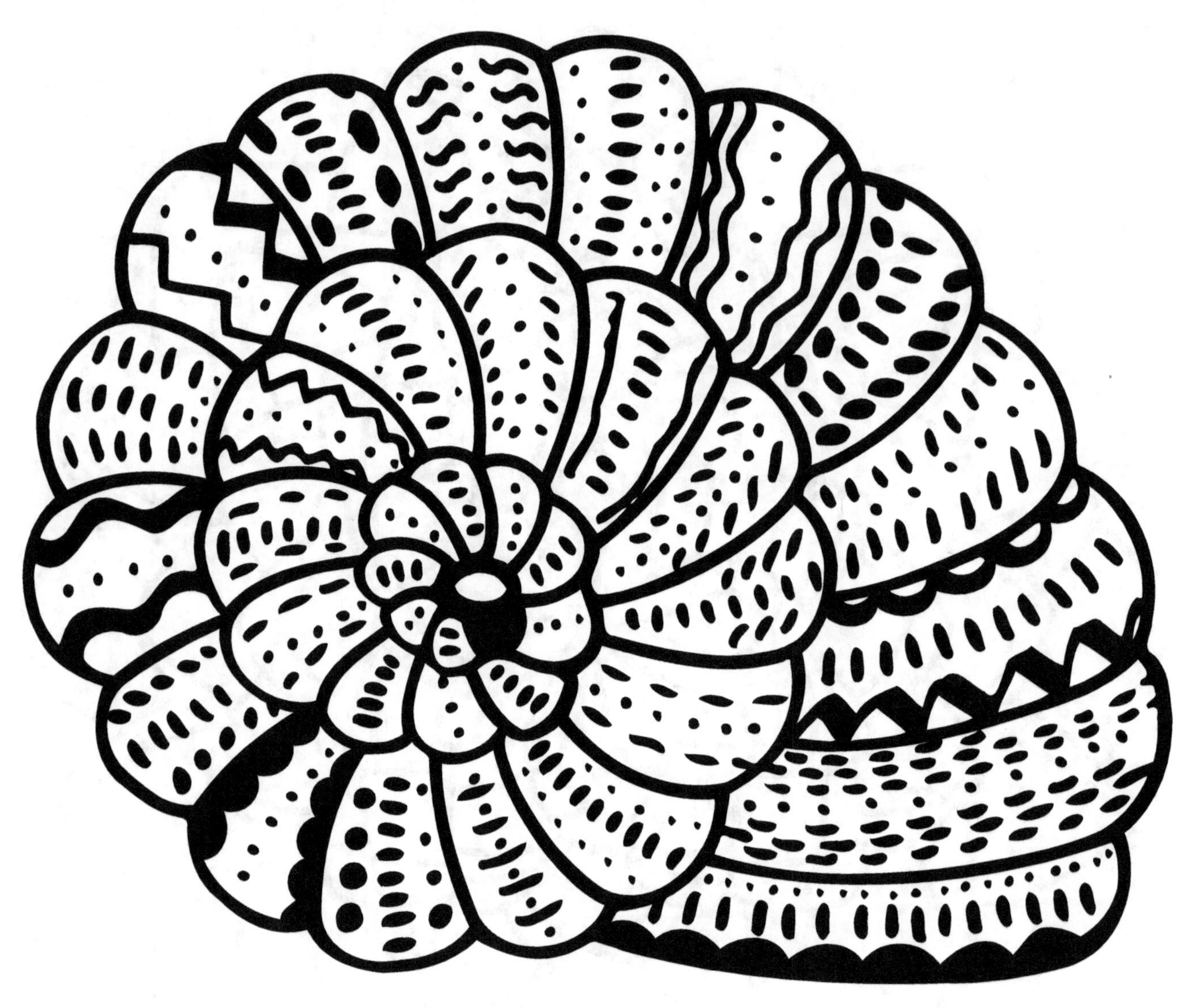

CREDO IN ME
STESSO

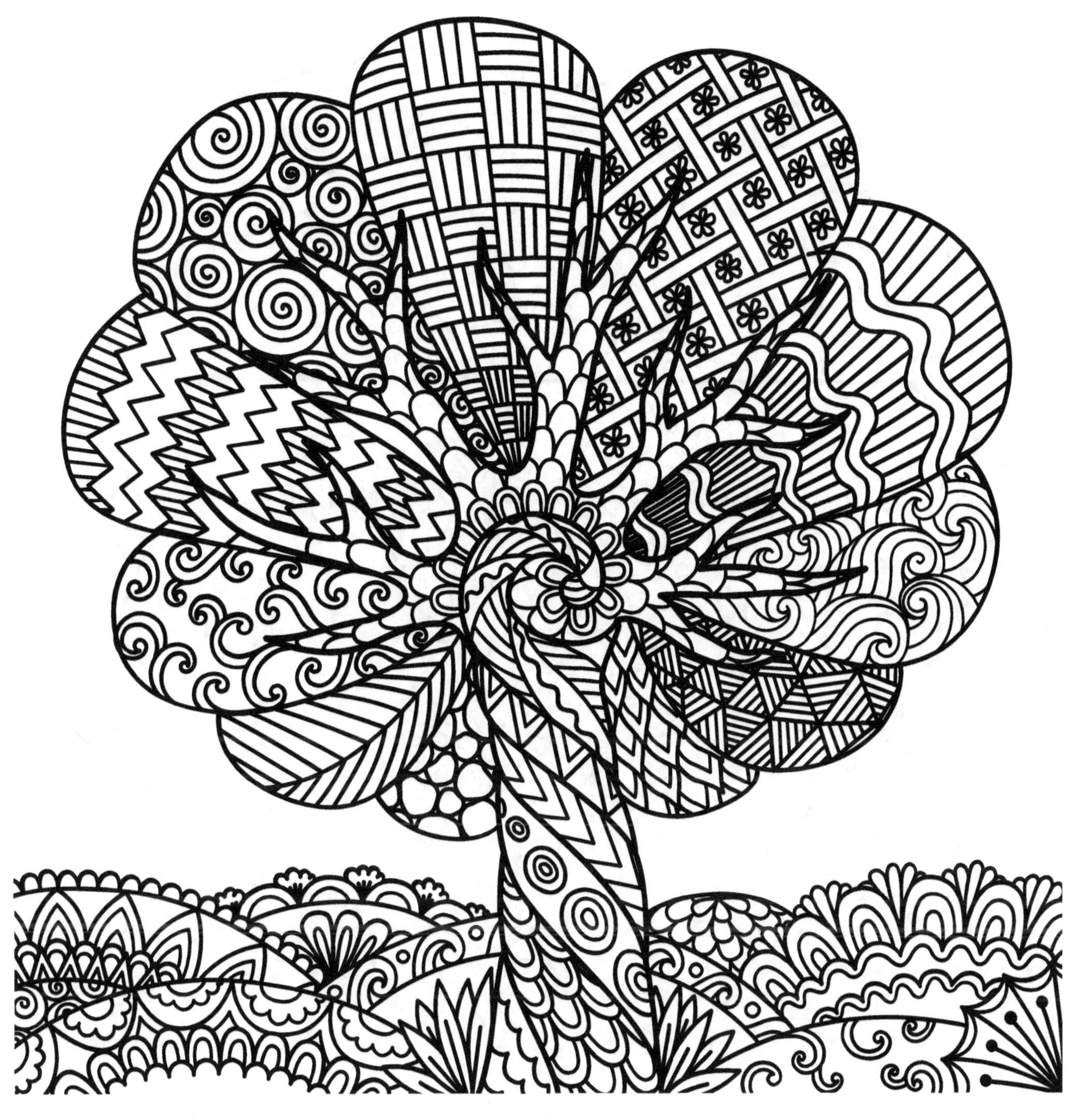

ACCETTO COMPLETAMENTE
IL MIO ESSERE E IL MODO
IN CUI SONO

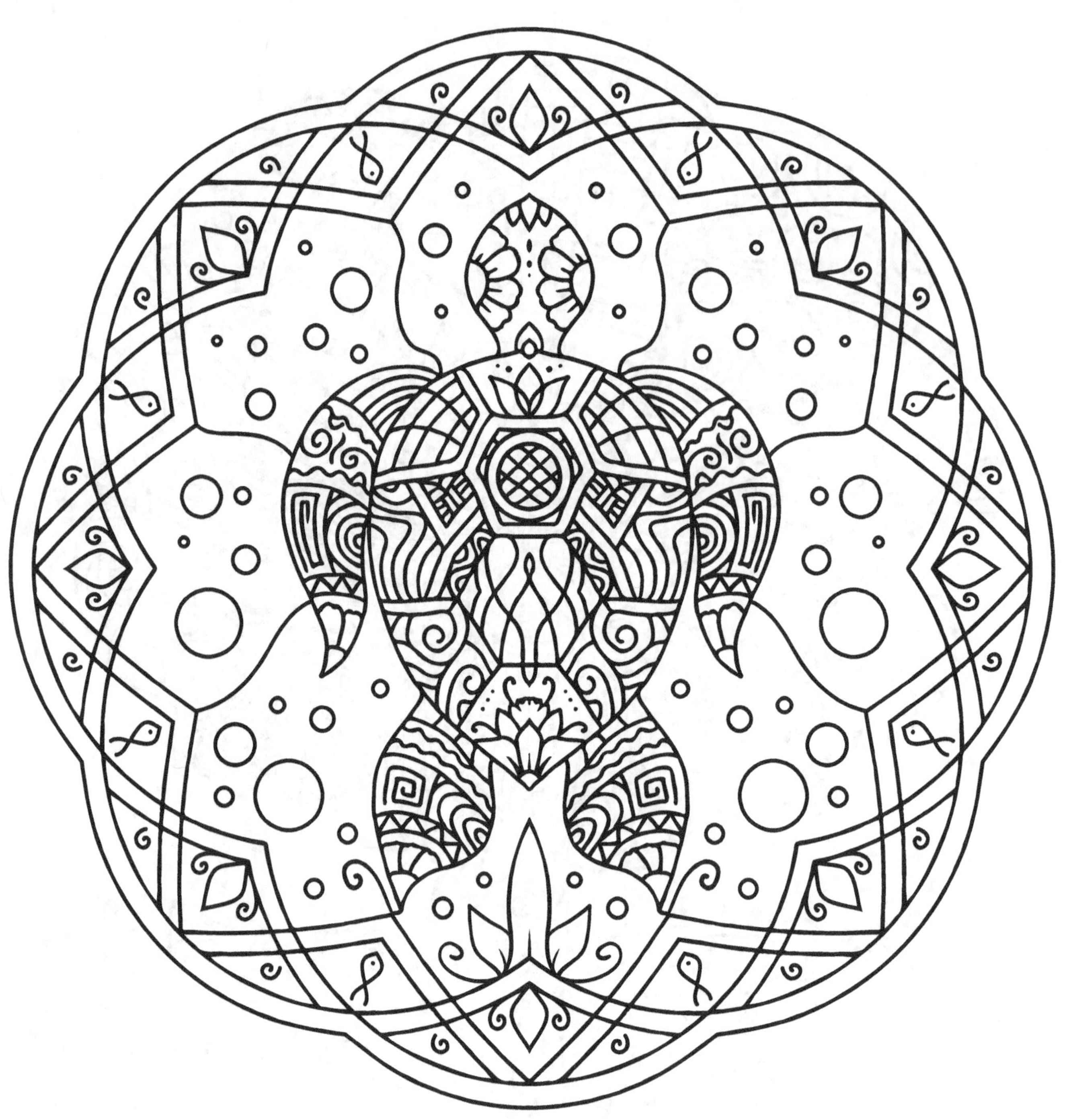

ATTIRO BUONE RELAZIONI NELLA MIA VITA

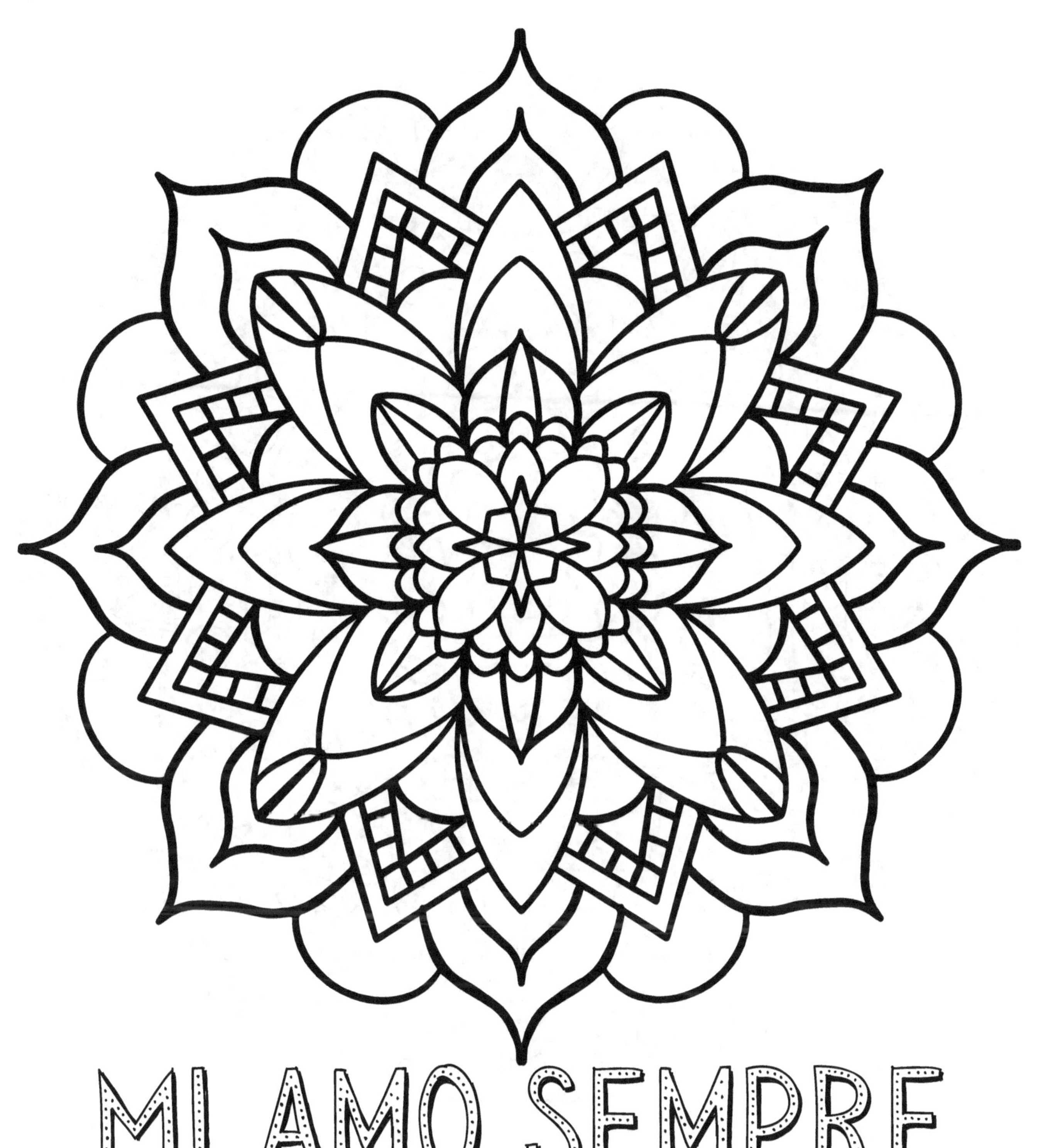

MI AMO SEMPRE DI PIÙ OGNI GIORNO

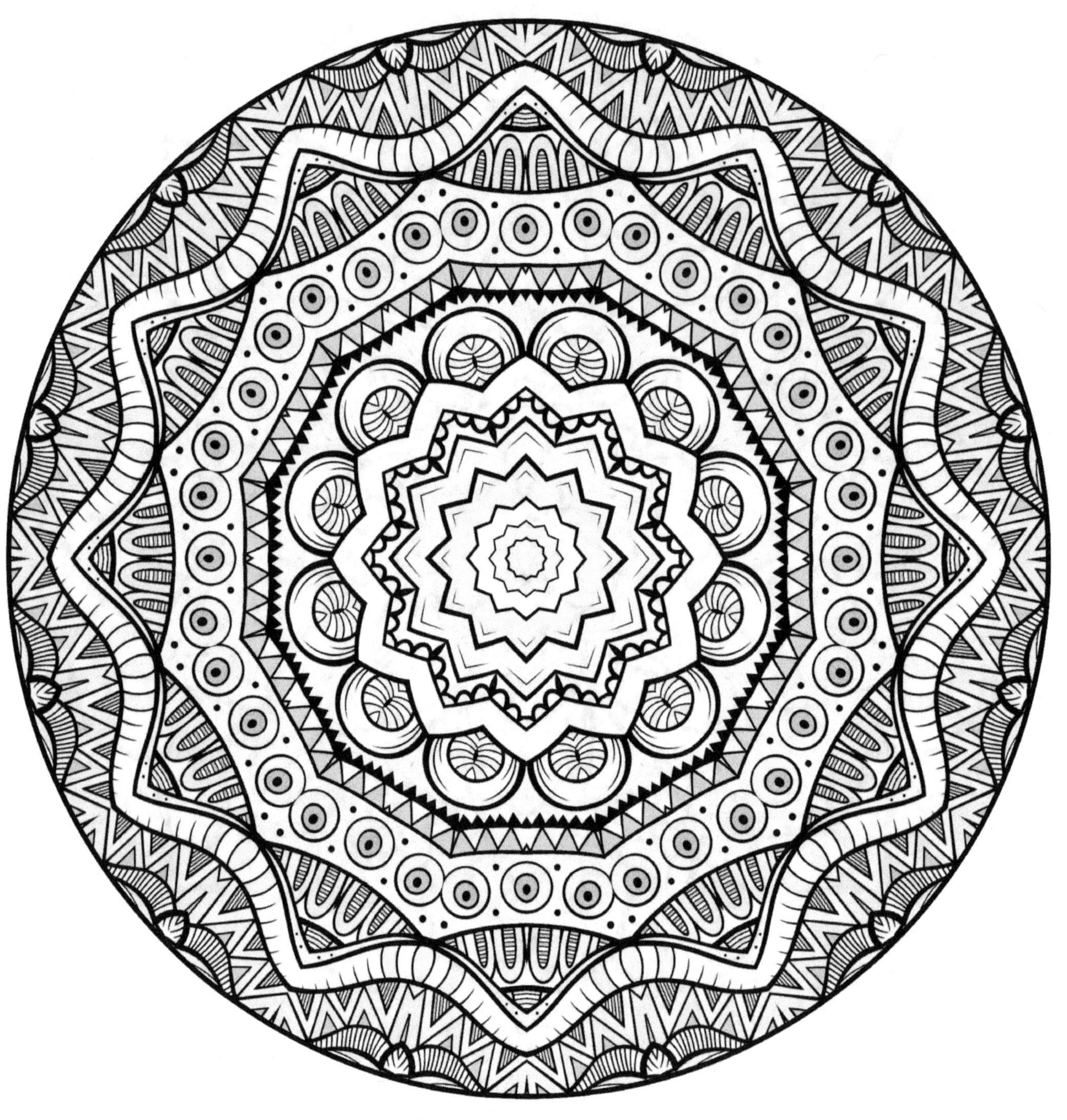

SCELGO L'AMORE
OLTRE LA PAURA

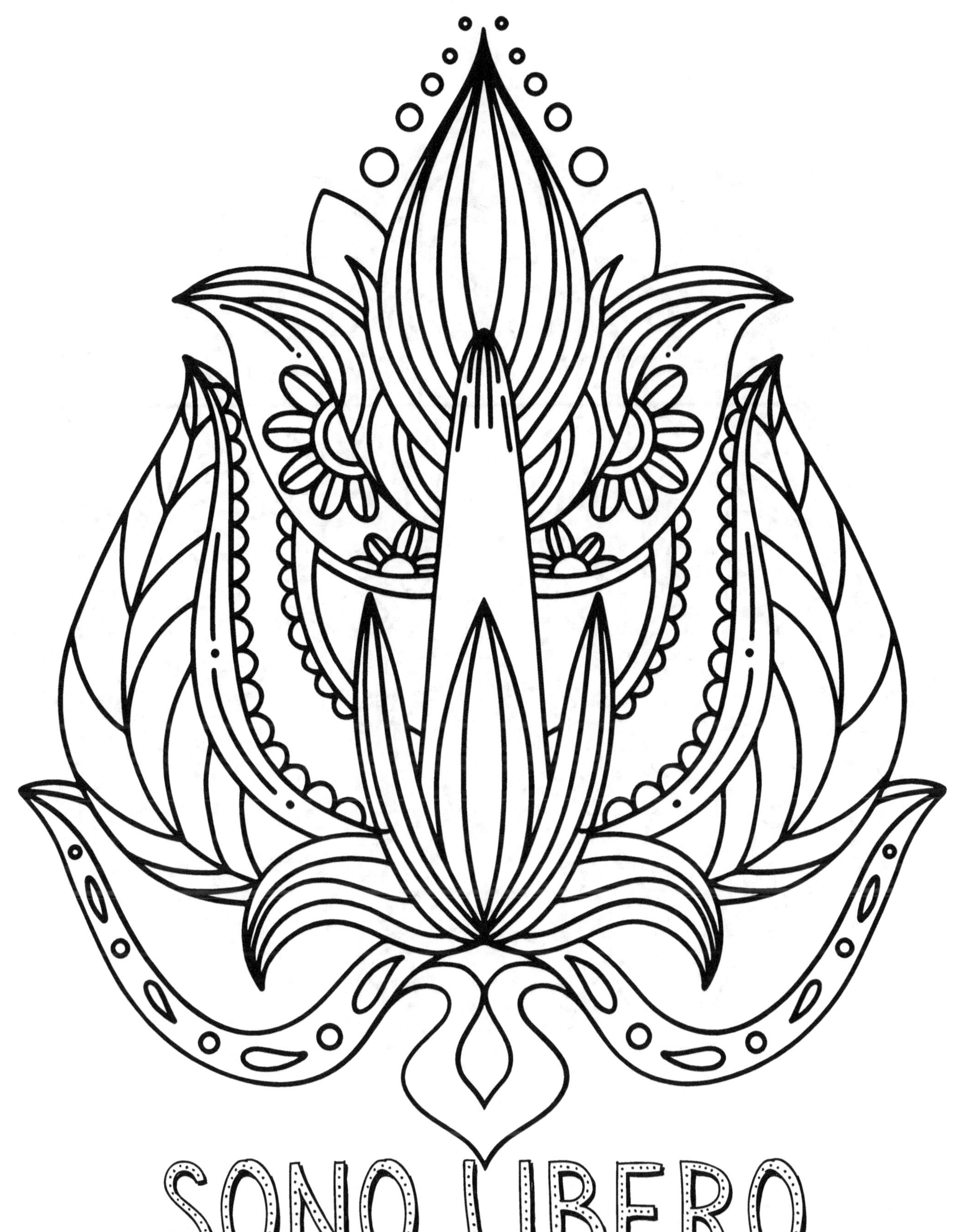

SONO LIBERO
DI ESSERE ME

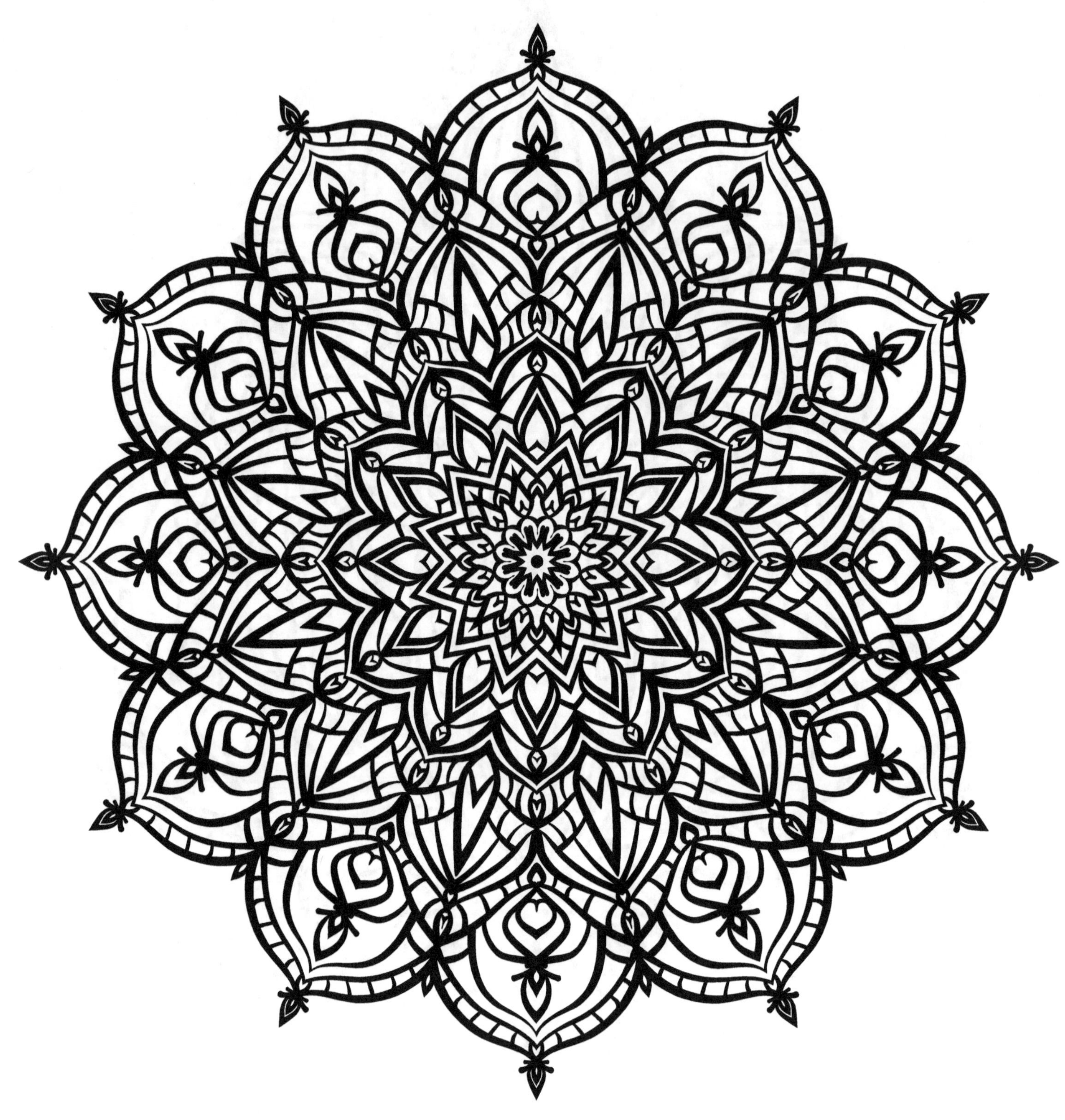

RICEVO TUTTO IL BENE
CHE LA VITA HA PER ME

SONO BENEDETTO

MI APRO ALLA
BELLEZZA, ALLA GIOIA
E ALL'ARMONIA
DELL'UNIVERSO
E NE GODO

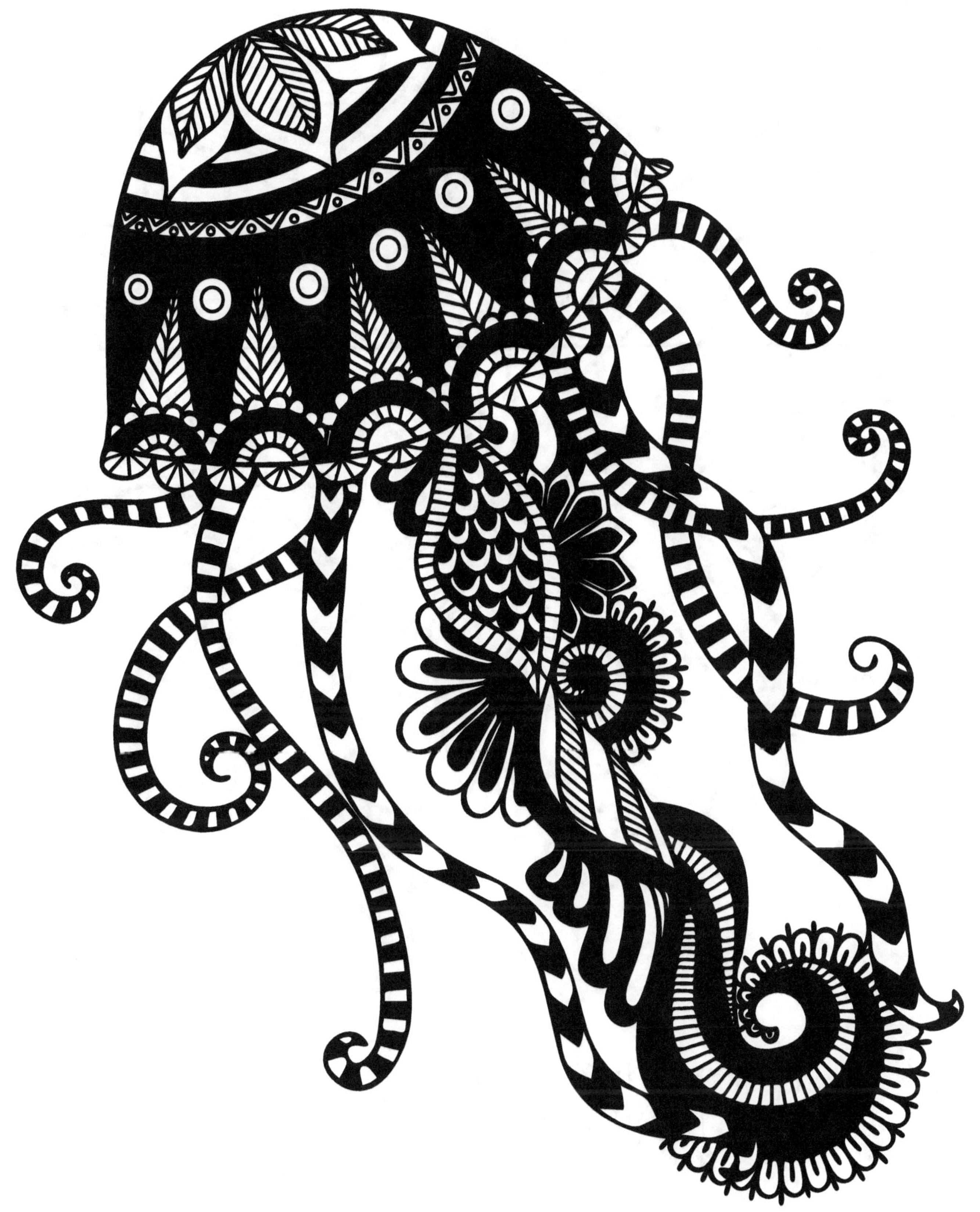

SONO BELLISSIMO

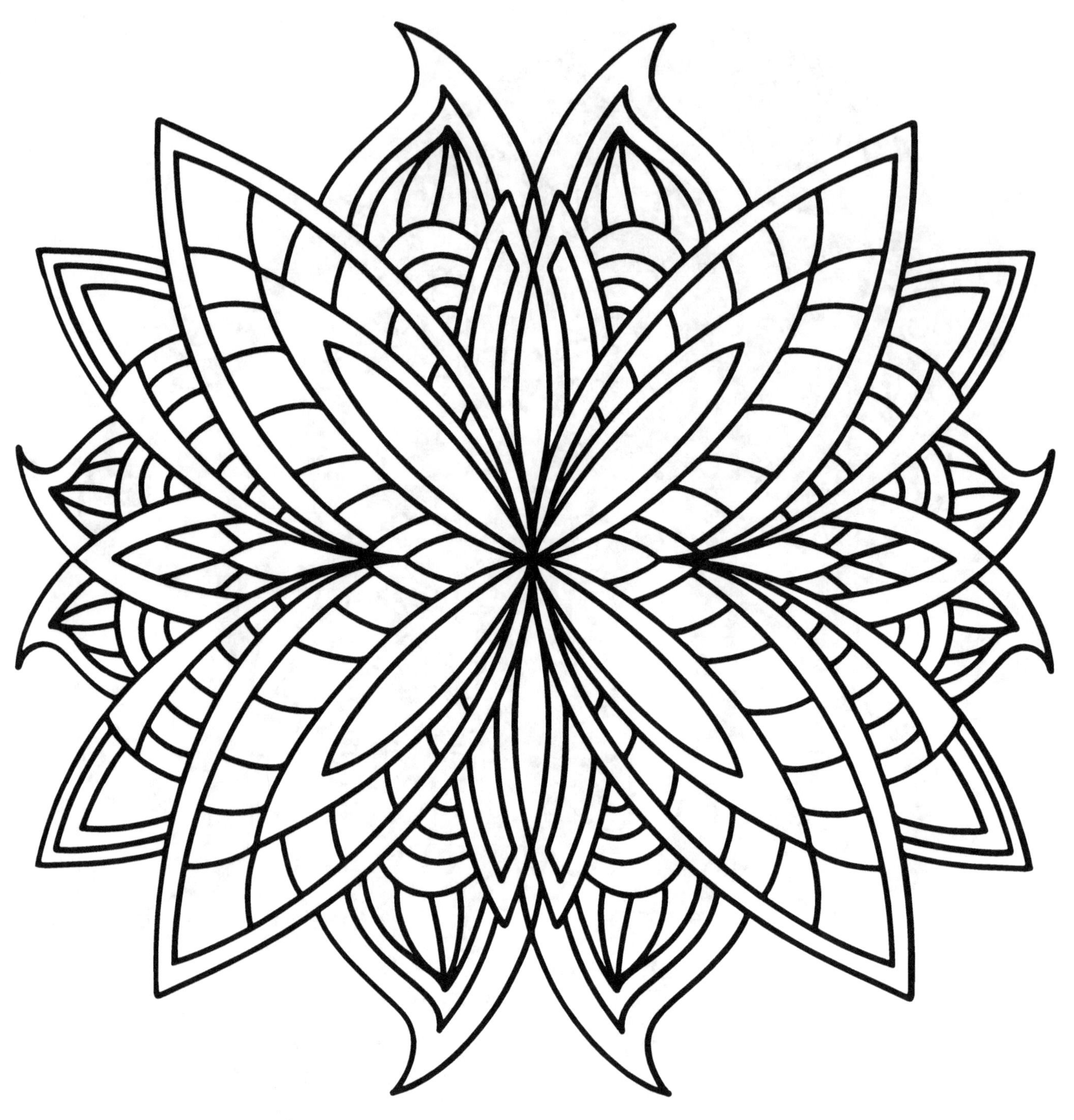

IO SONO LA LUCE DELLA MIA ANIMA

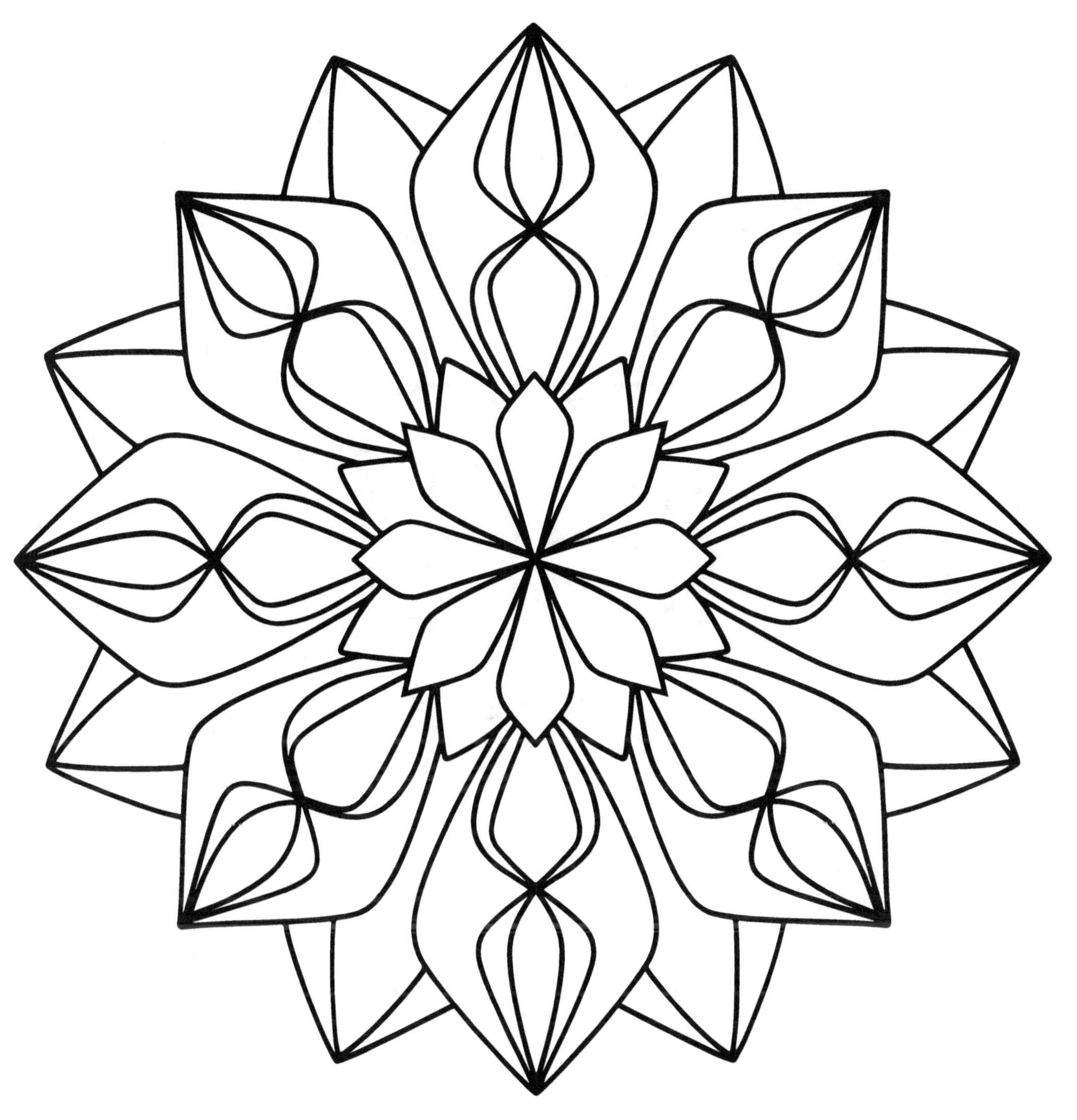

STO DIVENTANDO OGNI GIORNO PIÙ GIOVANE

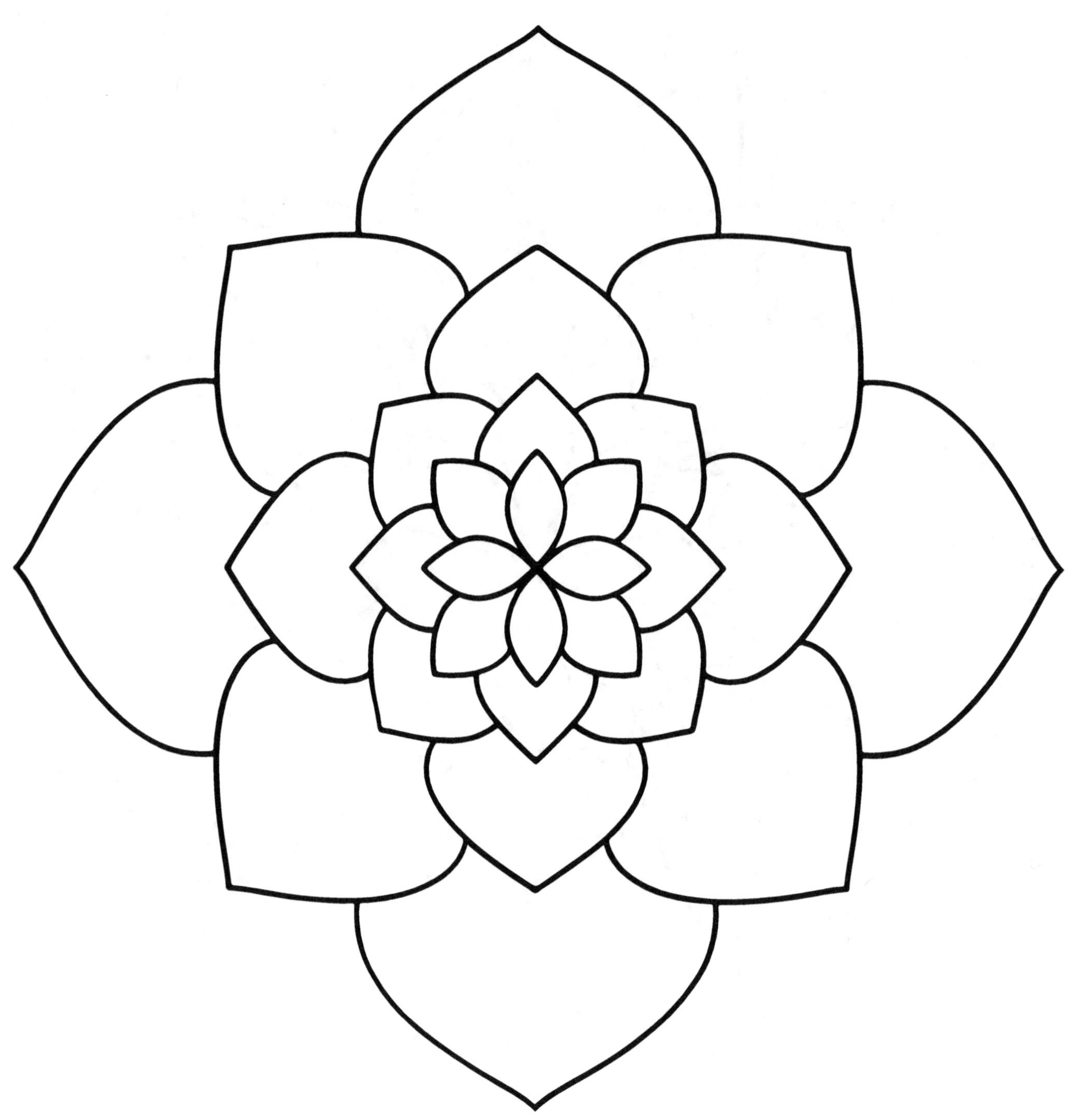

STO DIVENTANDO PIÙ
SANO E PIÙ FORTE
OGNI GIORNO

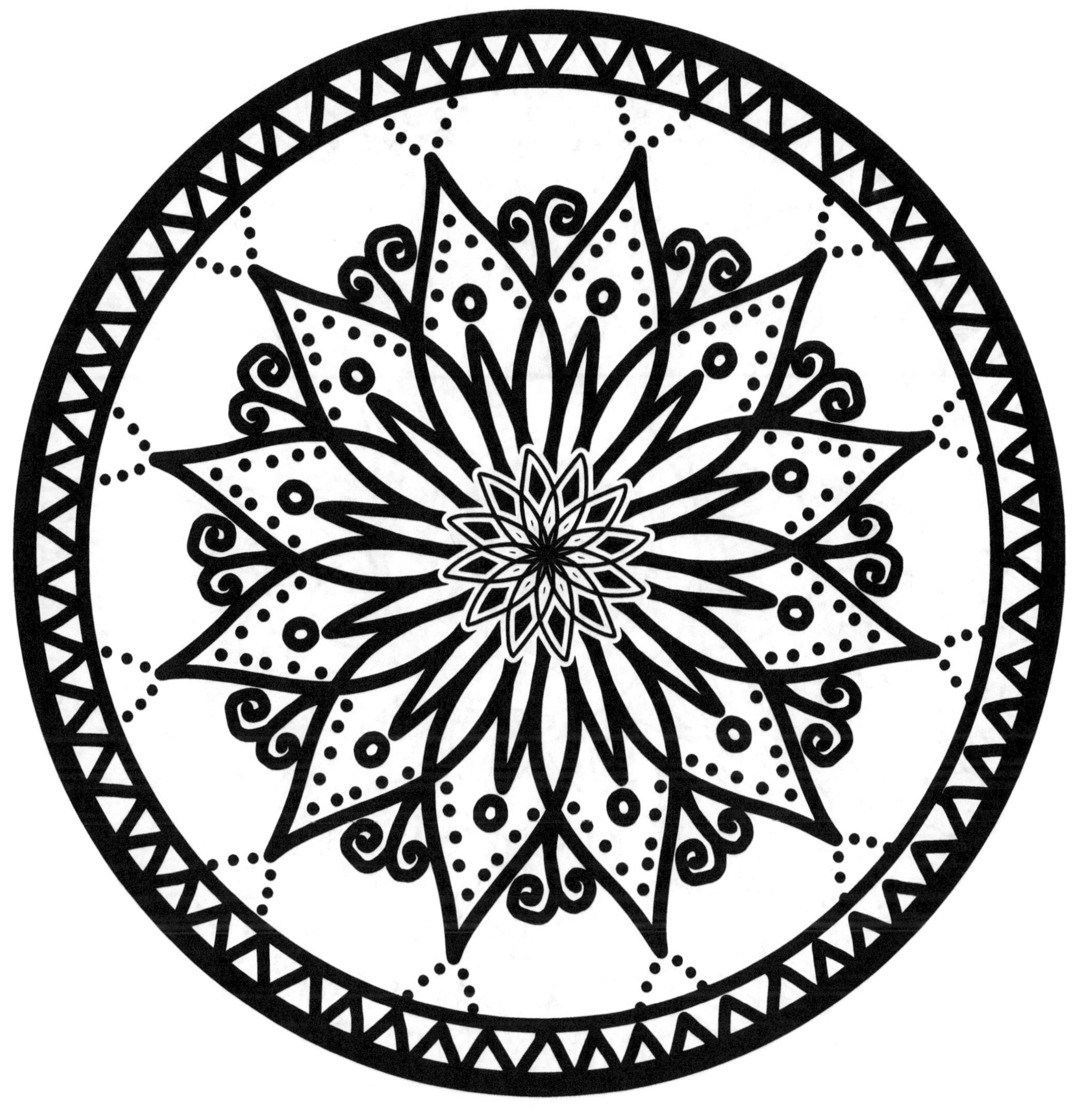

AMO IL MIO CORPO

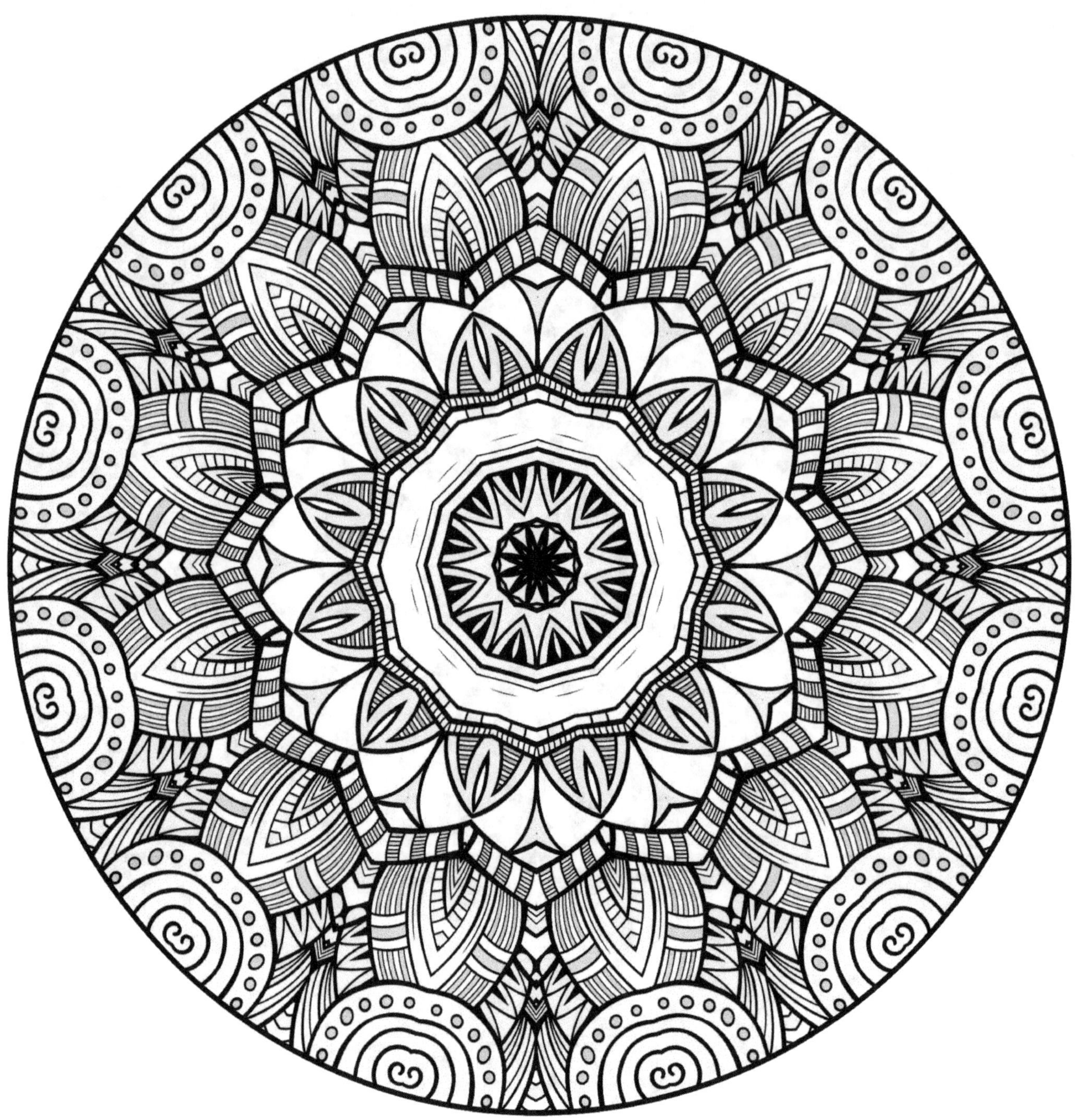

AMO ALIMENTARE IL MIO CORPO CON LA NUTRIZIONE

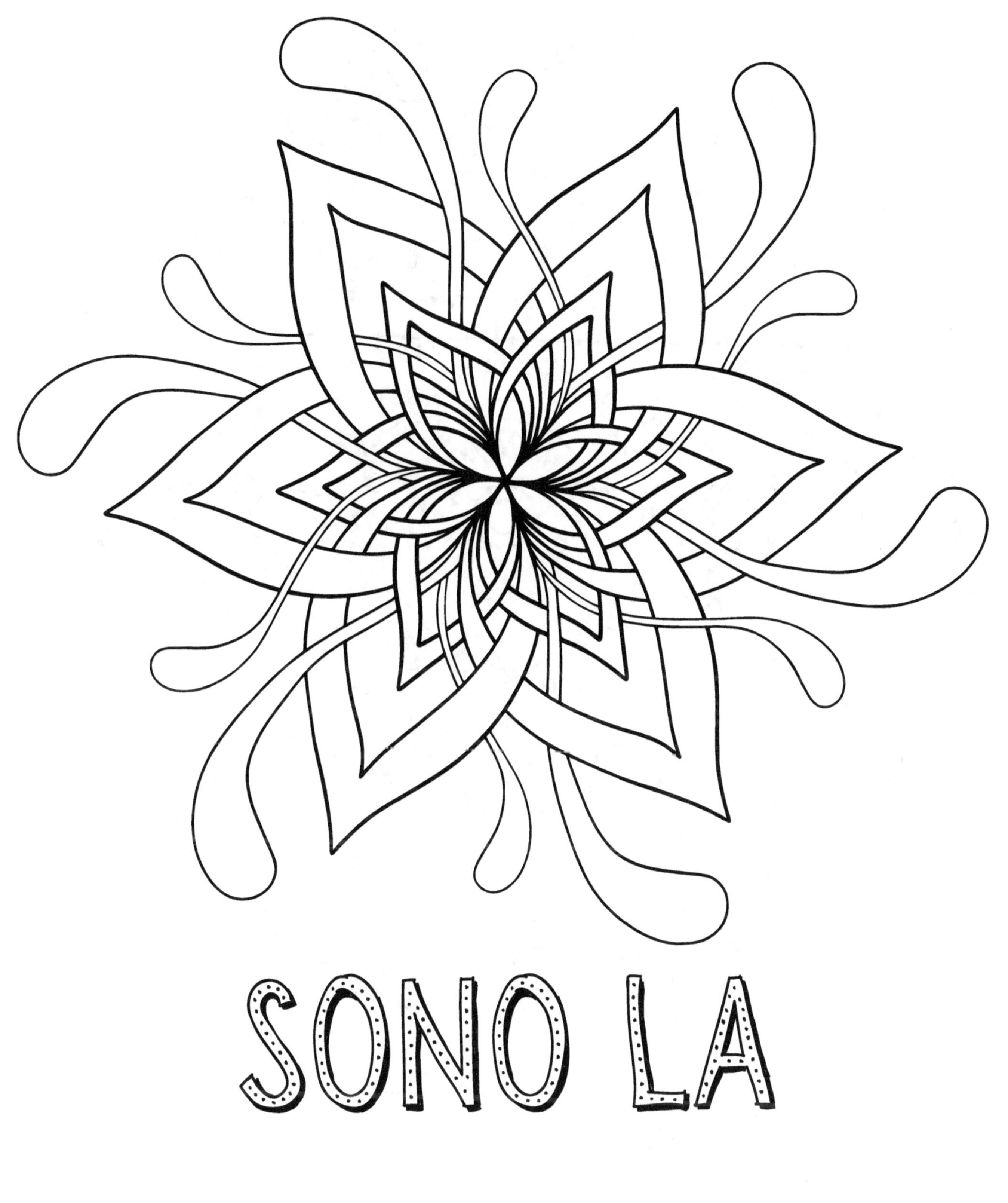

SONO LA

BEATITUDINE

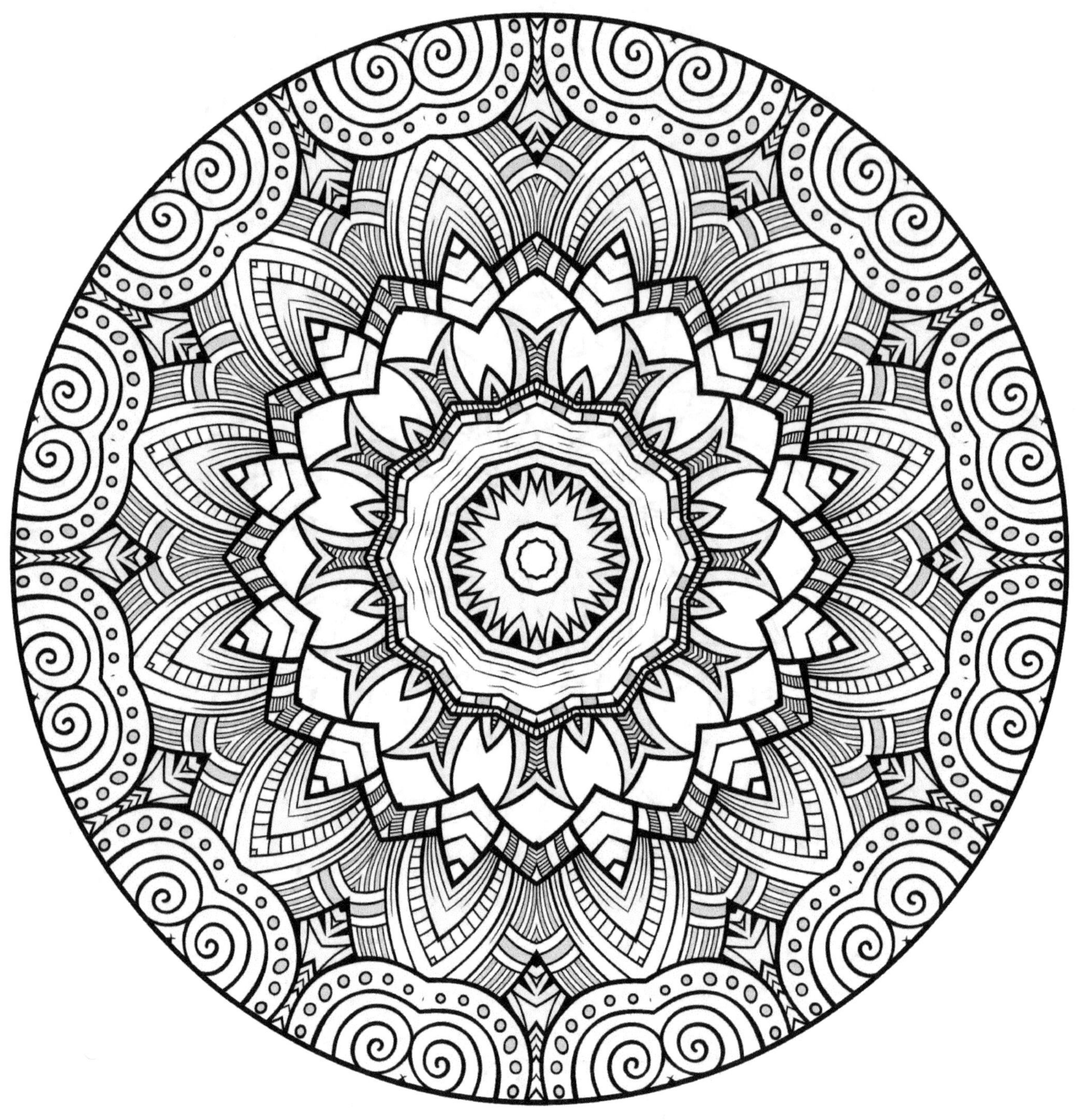

LA MIA VITA È
PIENA DI AMORE

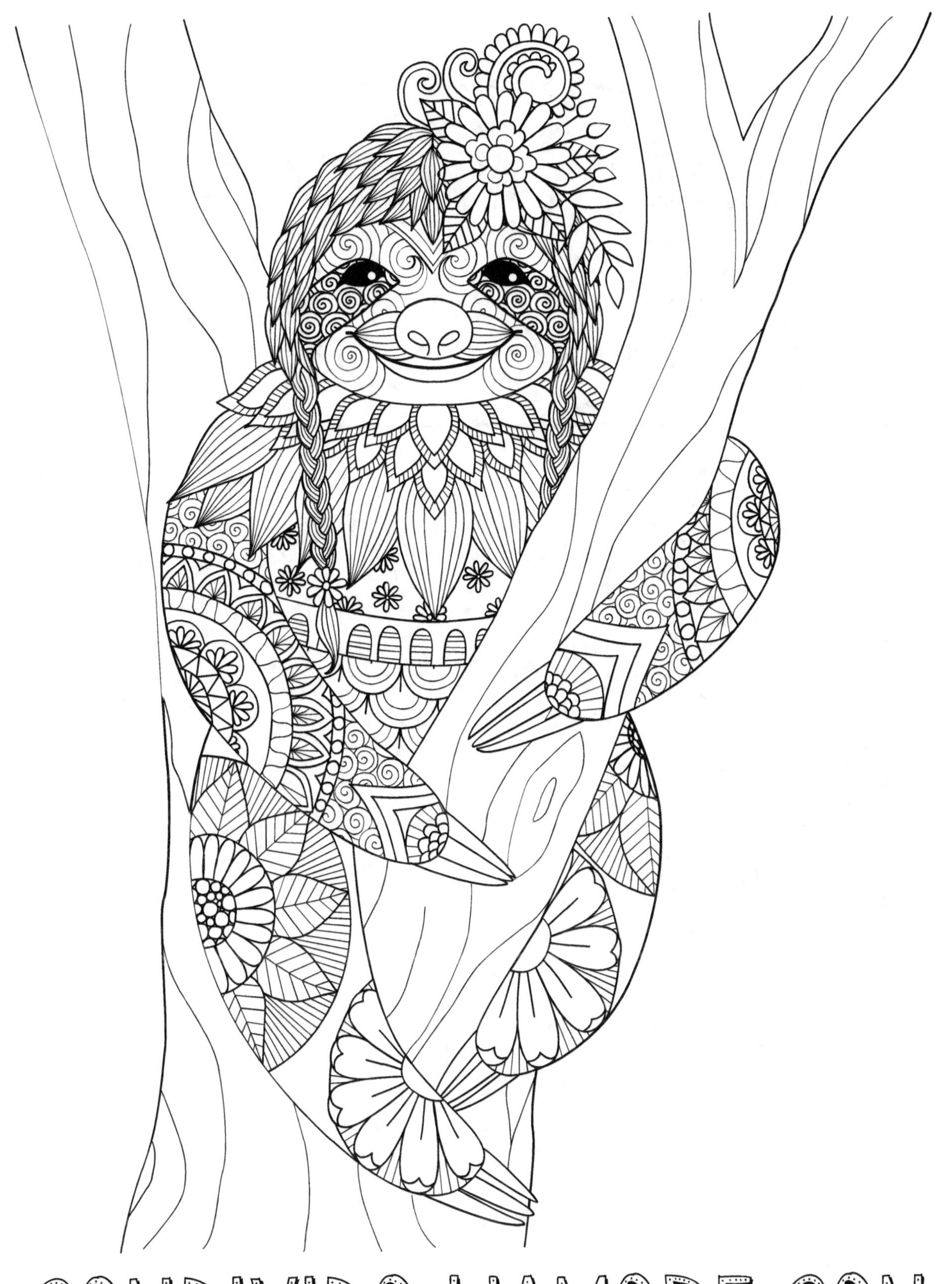

CONDIVIDO L'AMORE CON TUTTI GLI ESSERI VIVENTI

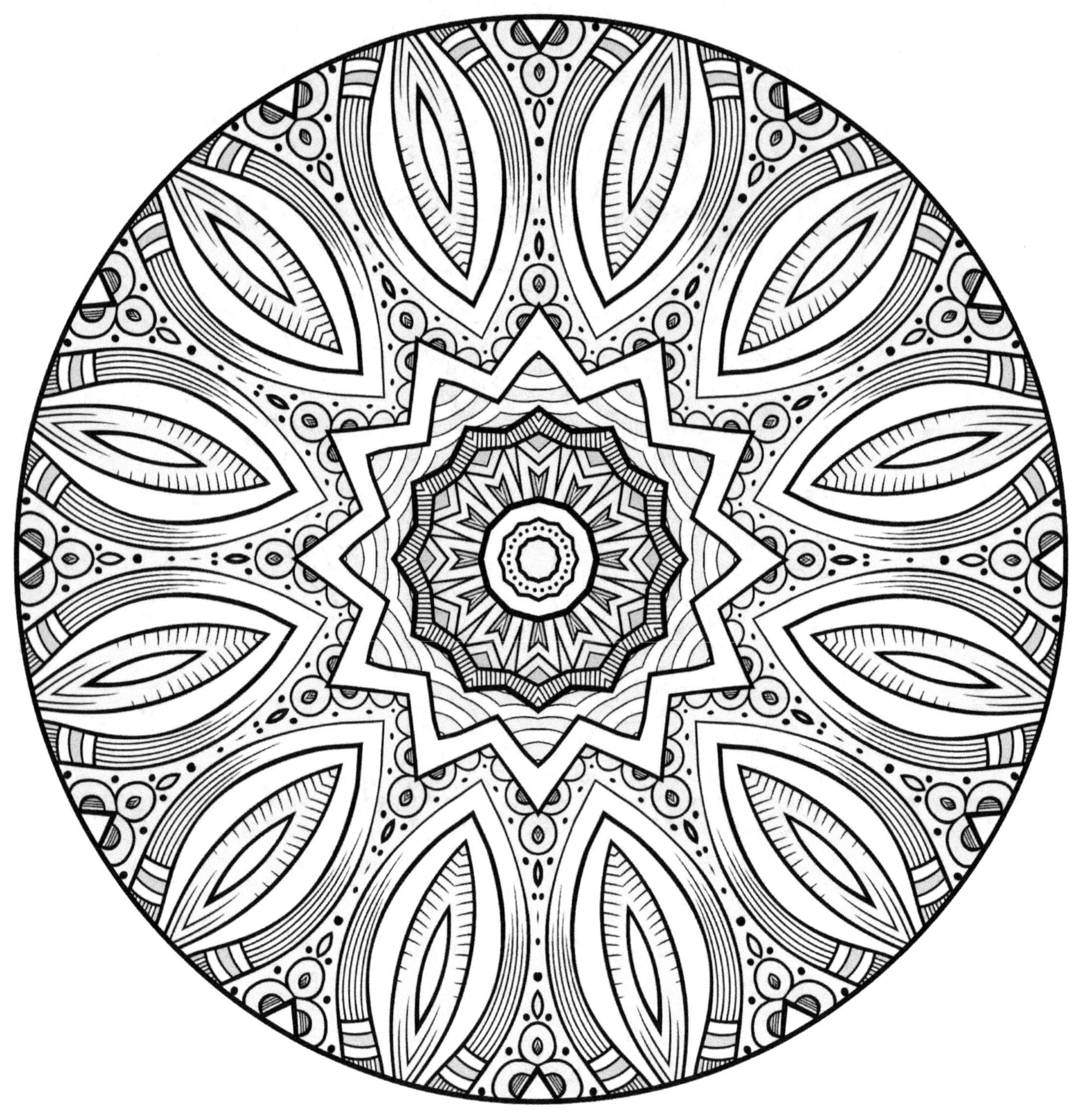

UNA SALUTE PERFETTA
È IL MIO DIRITTO DI
NASCITA DIVINO

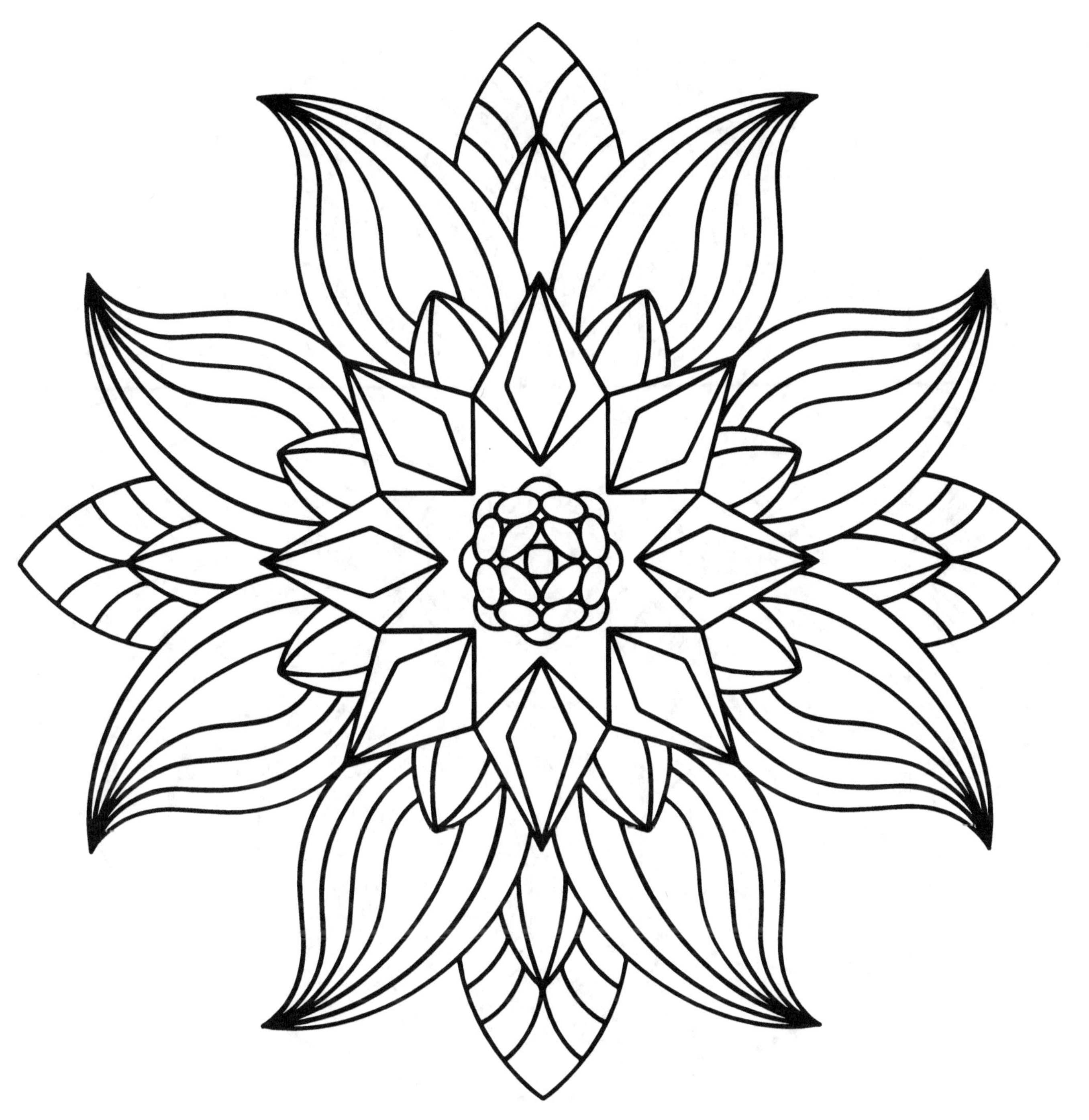

LASCIO ANDARE
IL PASSATO
FACILMENTE

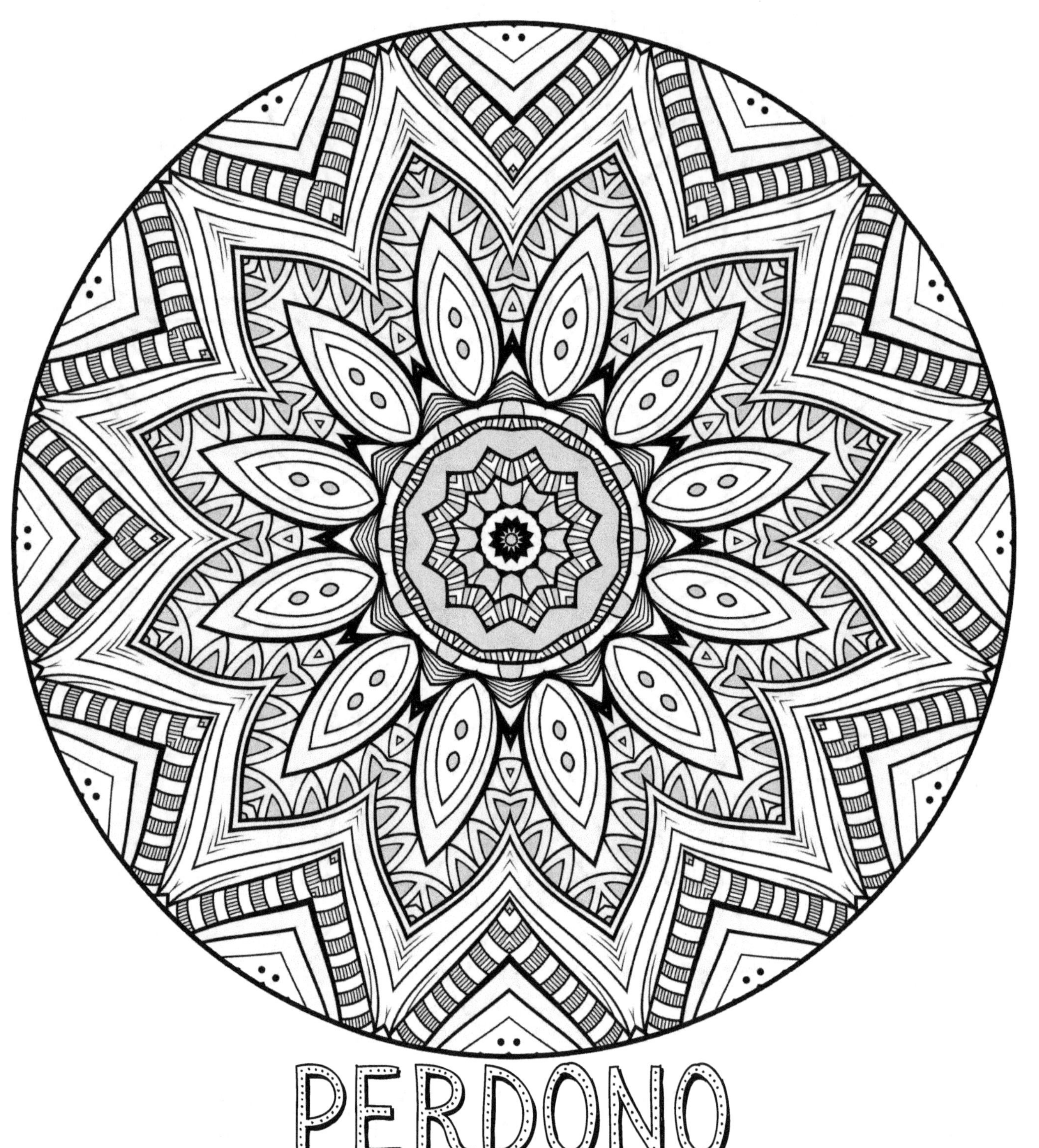

PERDONO FACILMENTE ME STESSO E GLI ALTRI

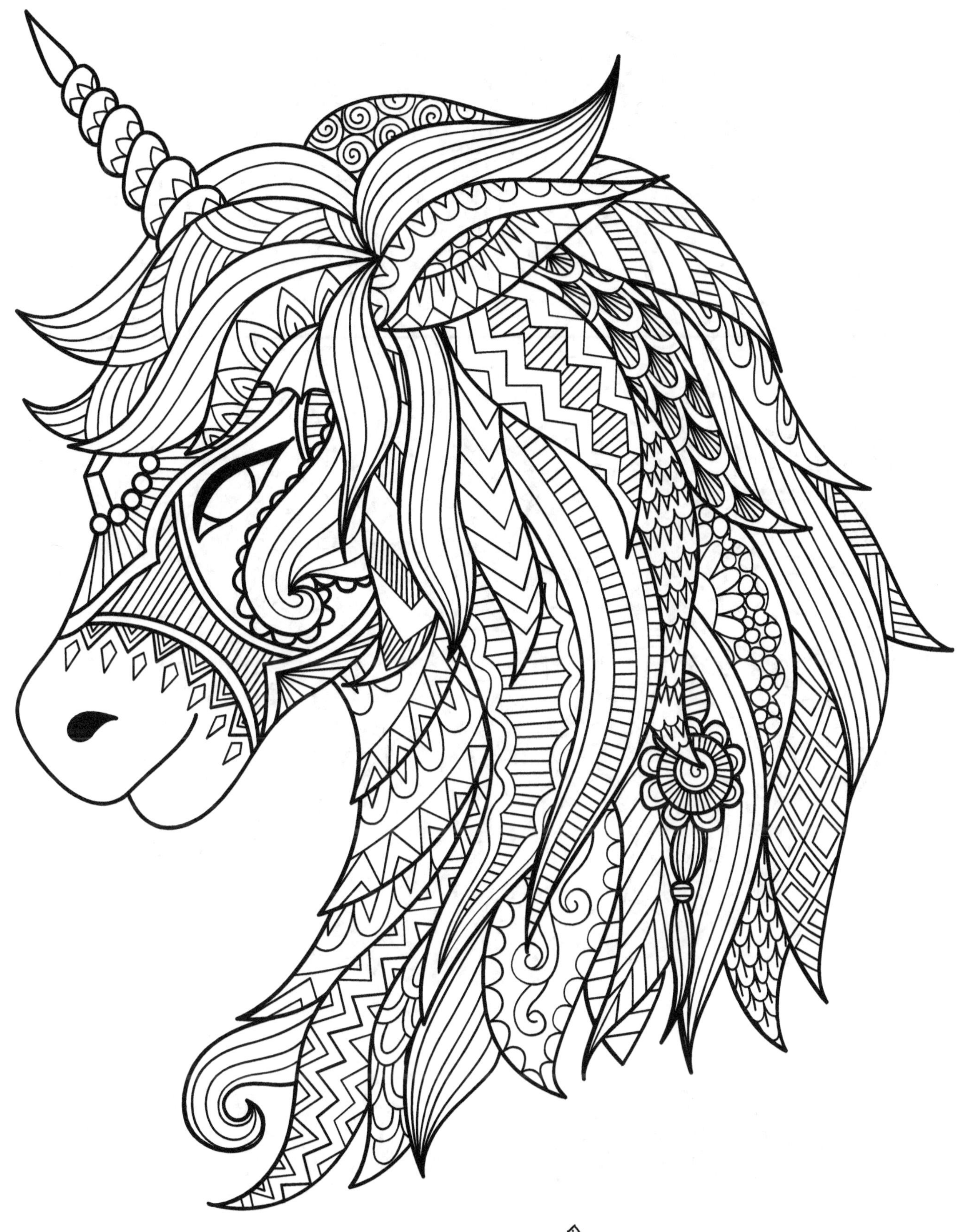

LA MIA VITA È MAGICA

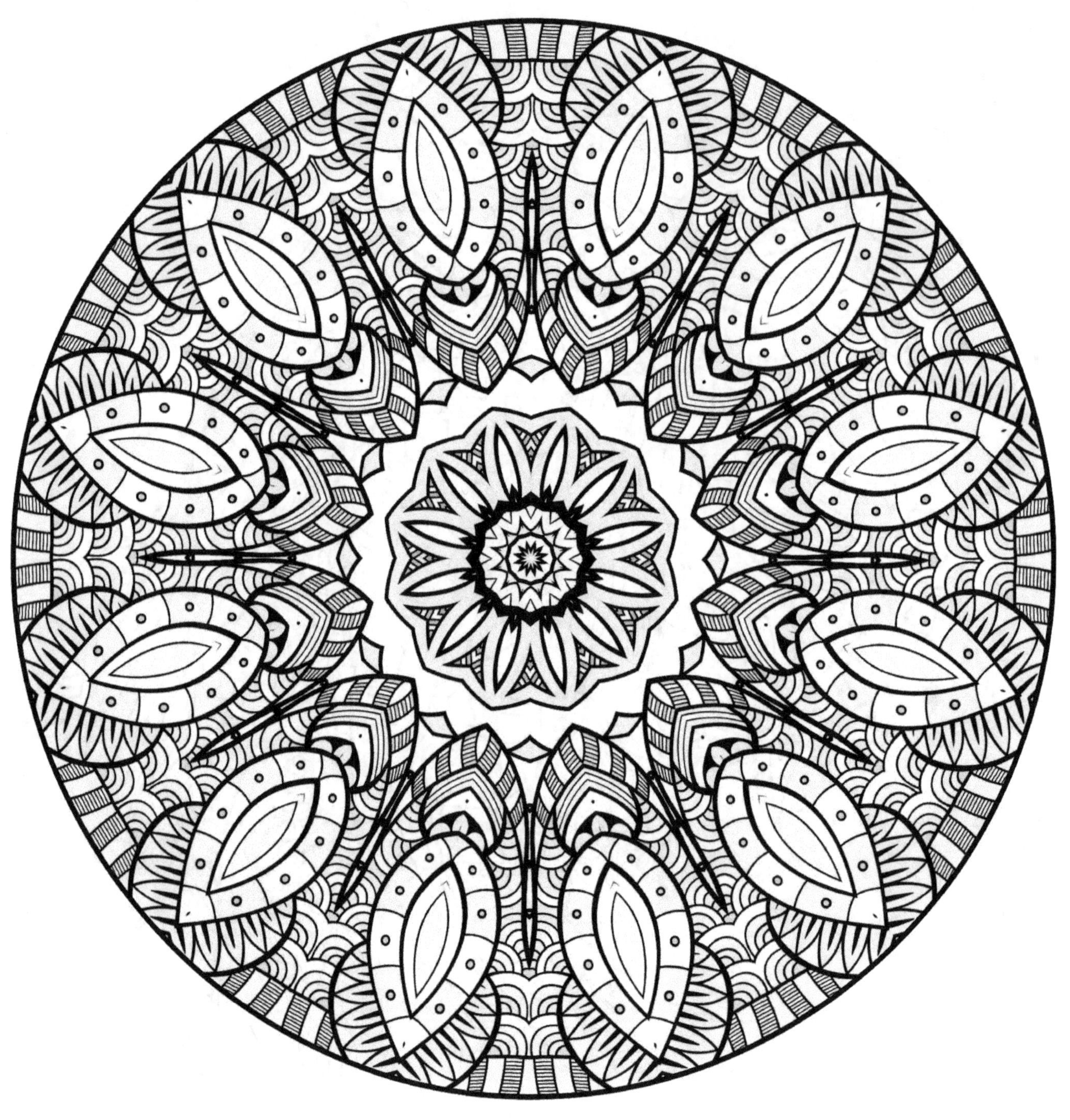

SONO GRATO PER
LA MIA BELLA VITA

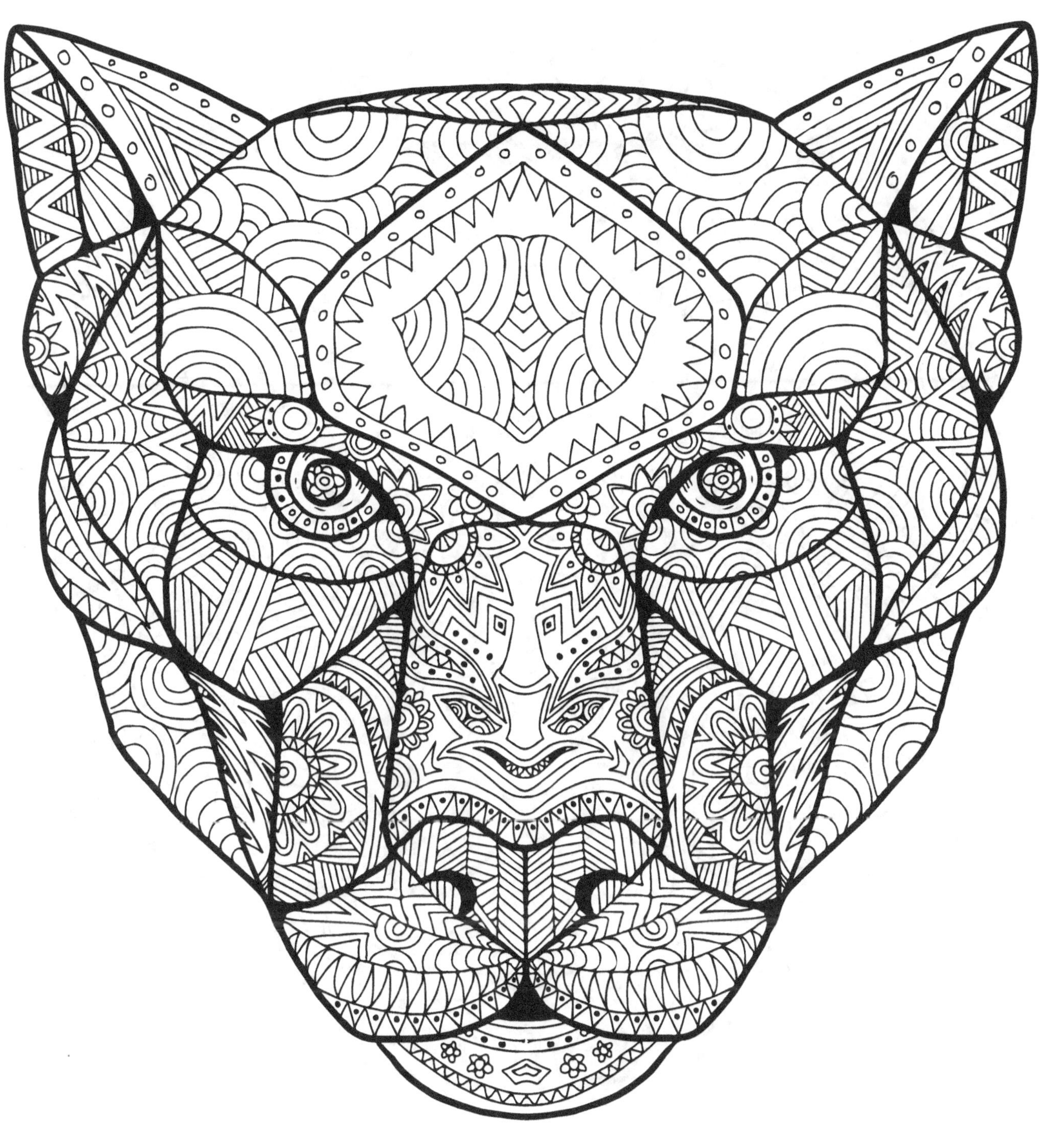

SONO CORAGGIOSO E AUDACE

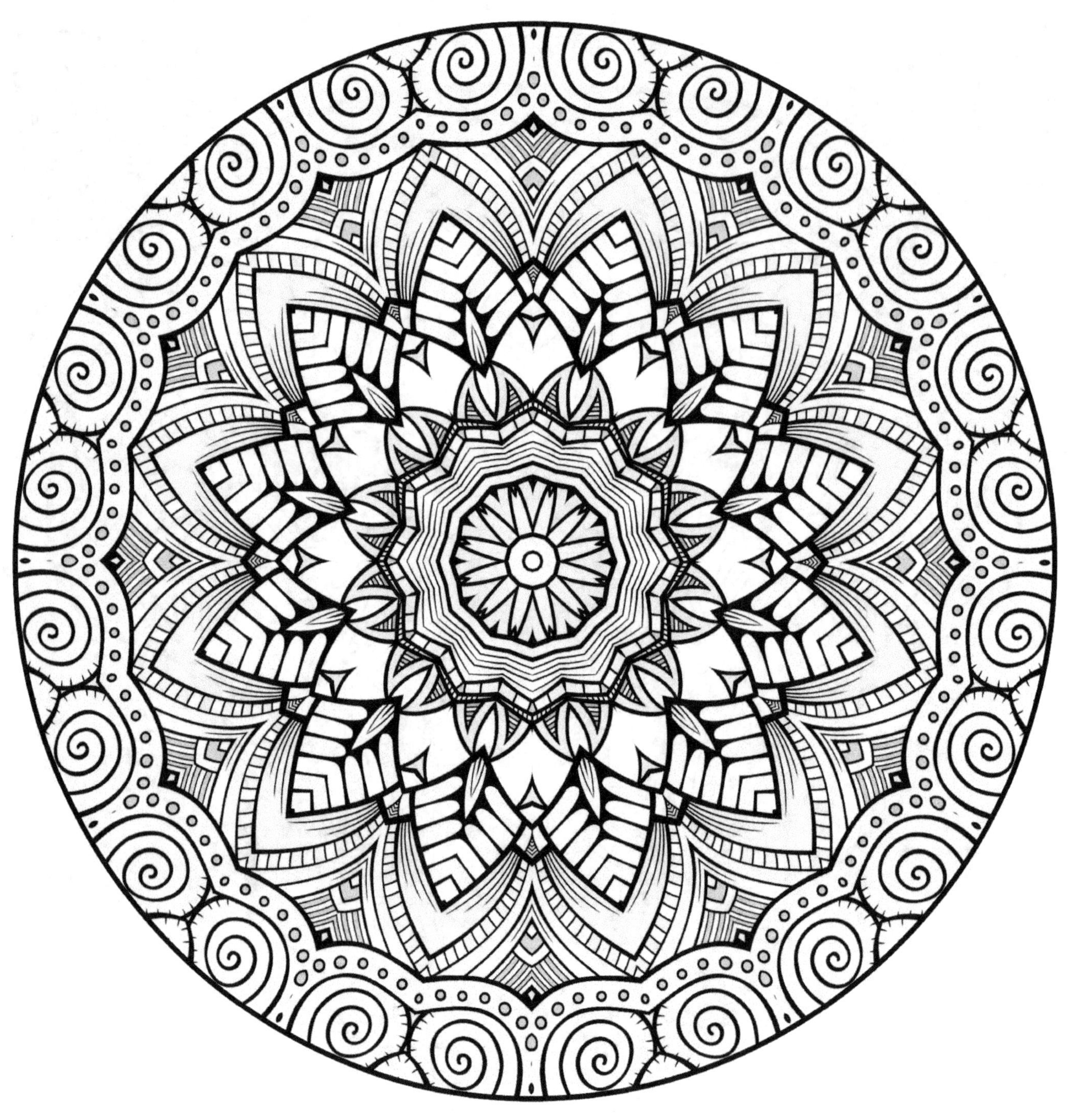

PENSO FACILMENTE
PENSIERI AMOREVOLI

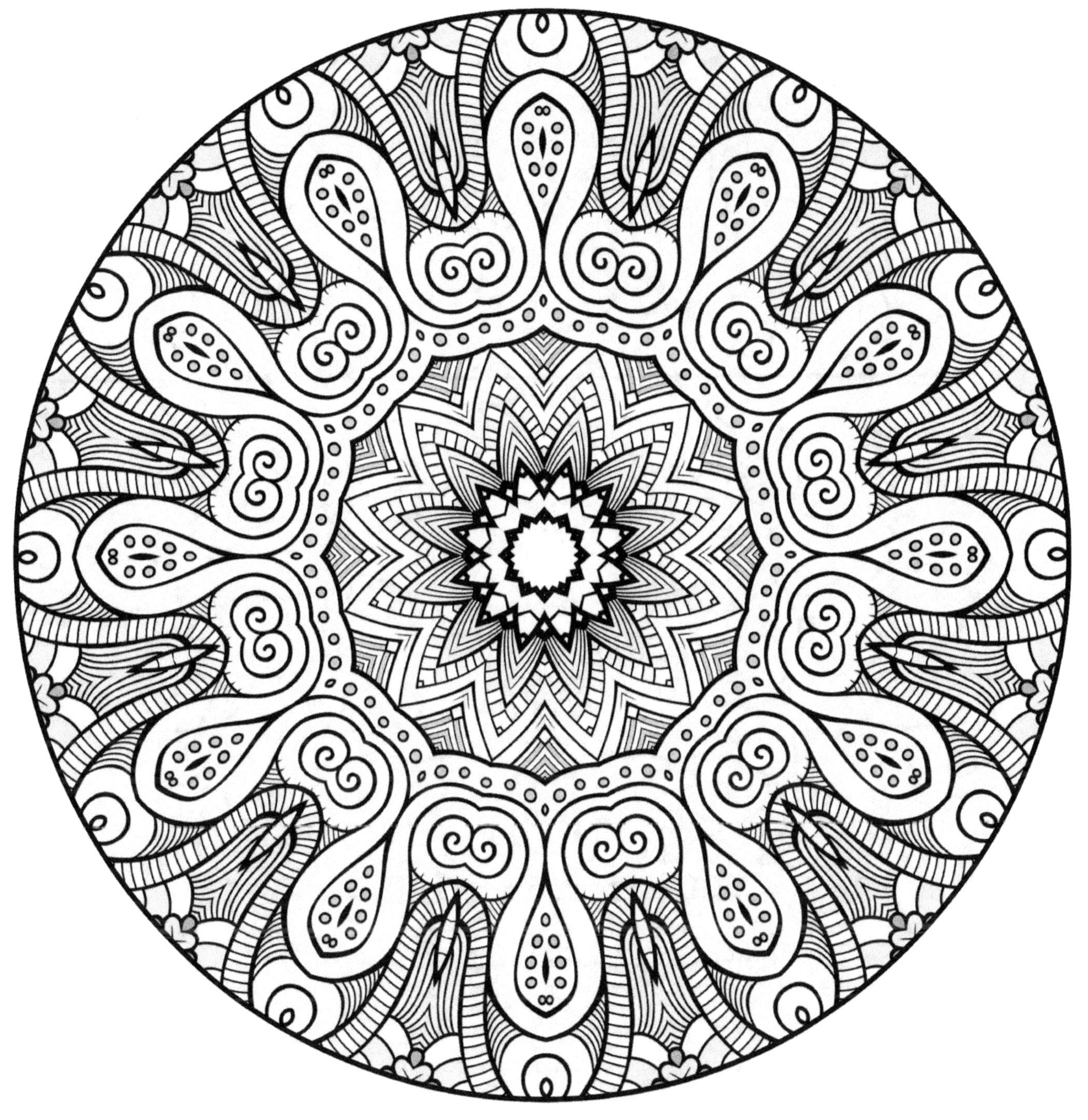

DICO FACILMENTE PAROLE GENTILI

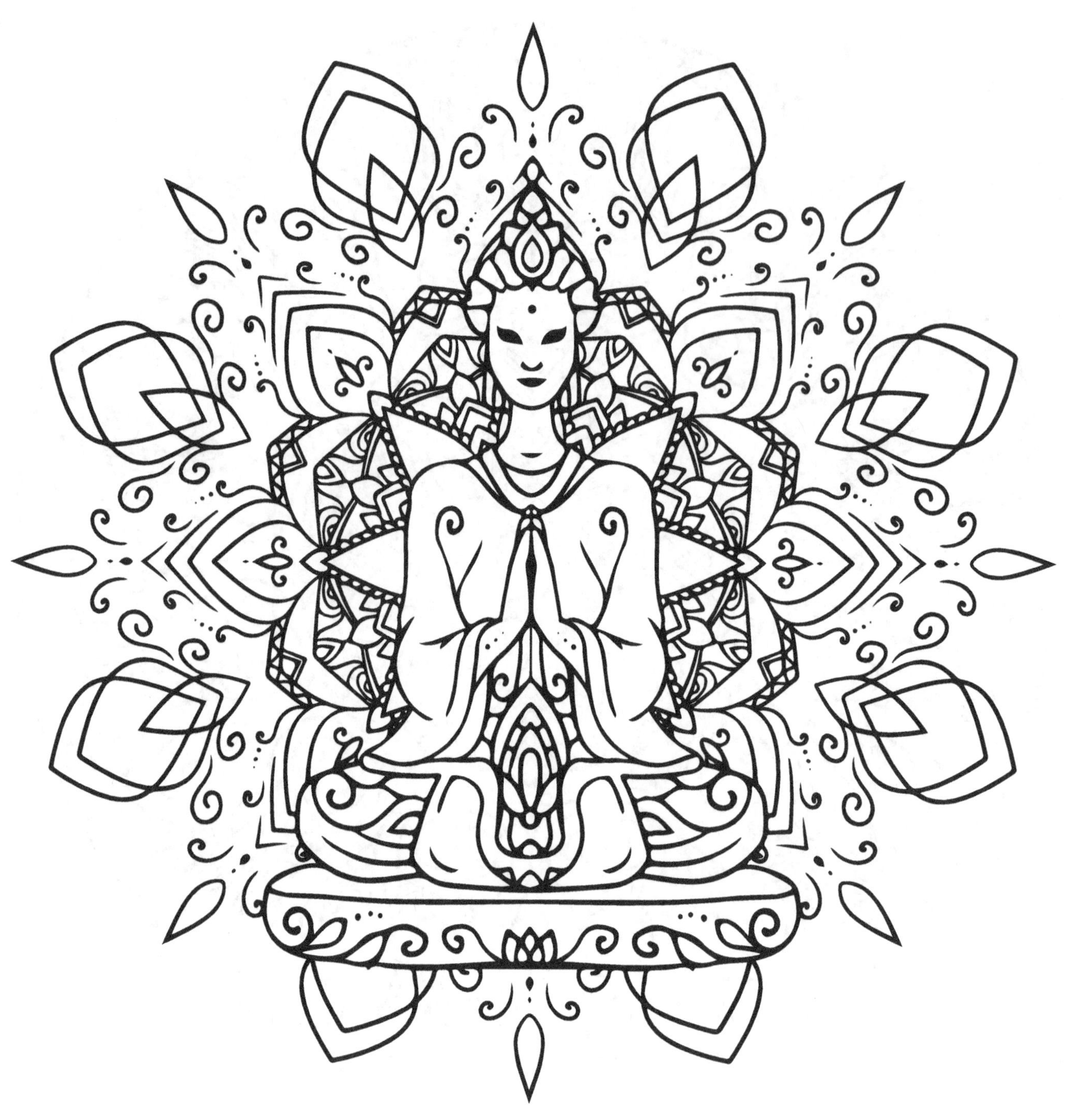

CONDIVIDO FACILMENTE L'AMORE

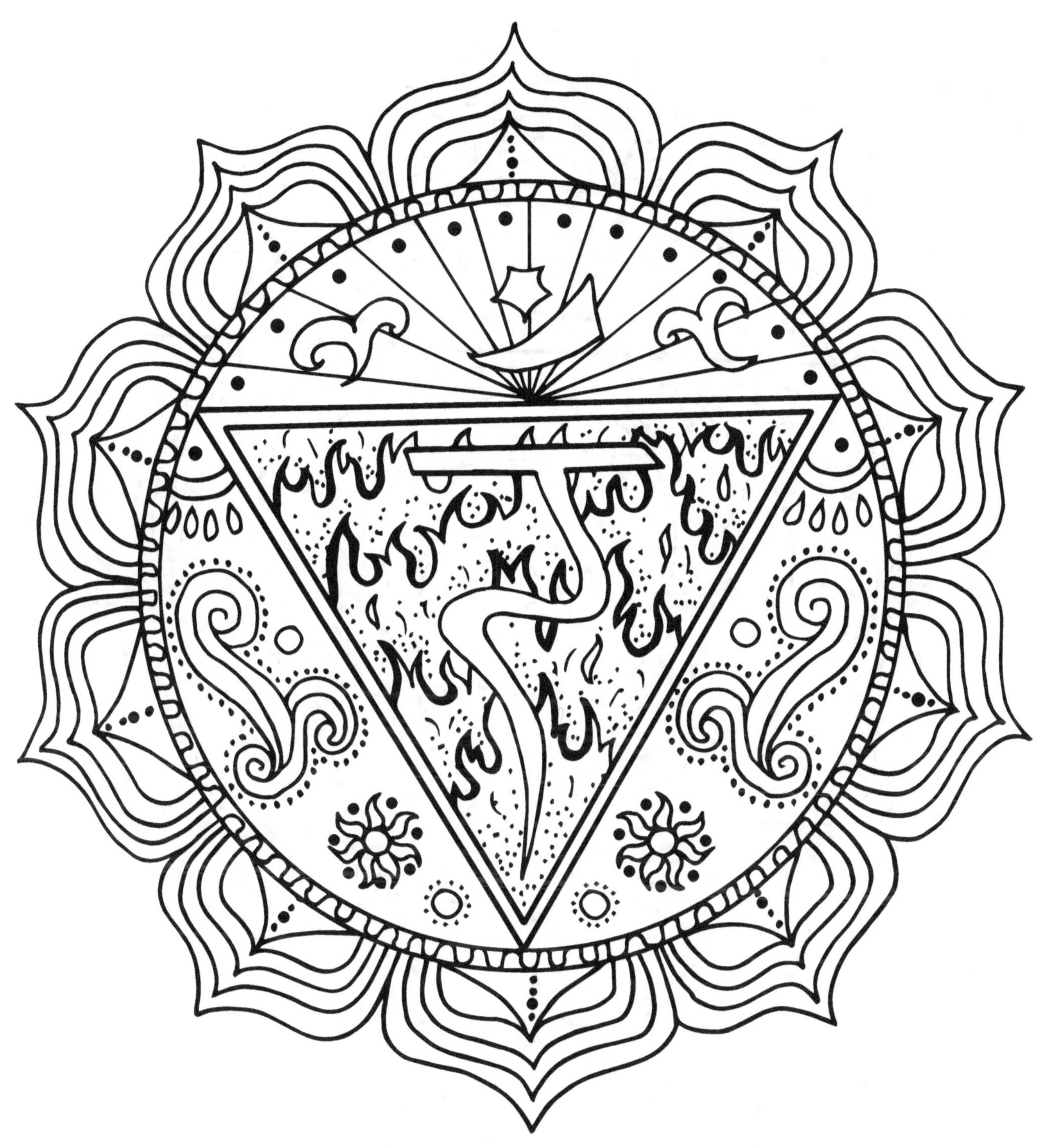

SONO GIOIOSO

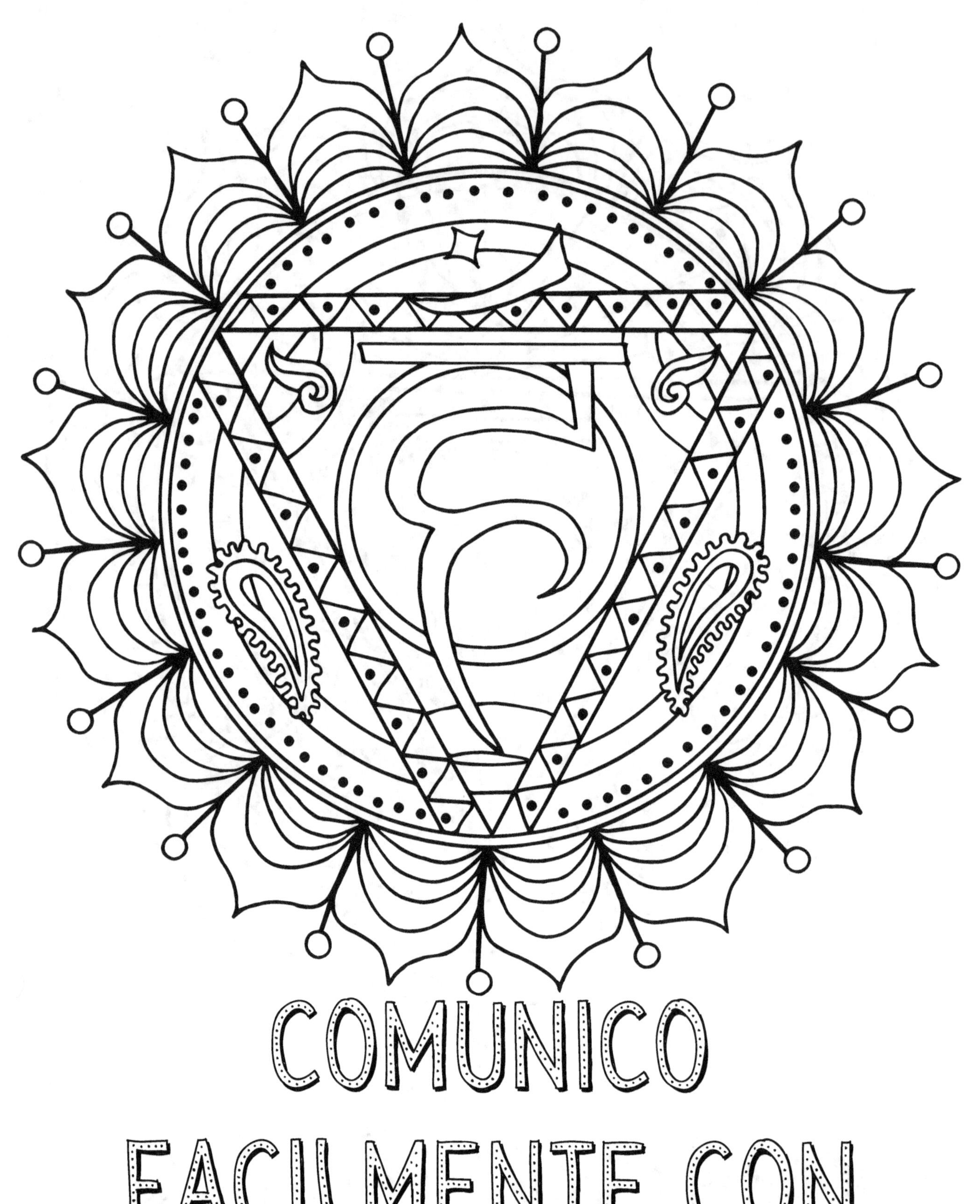

COMUNICO FACILMENTE CON AMORE E GRAZIA

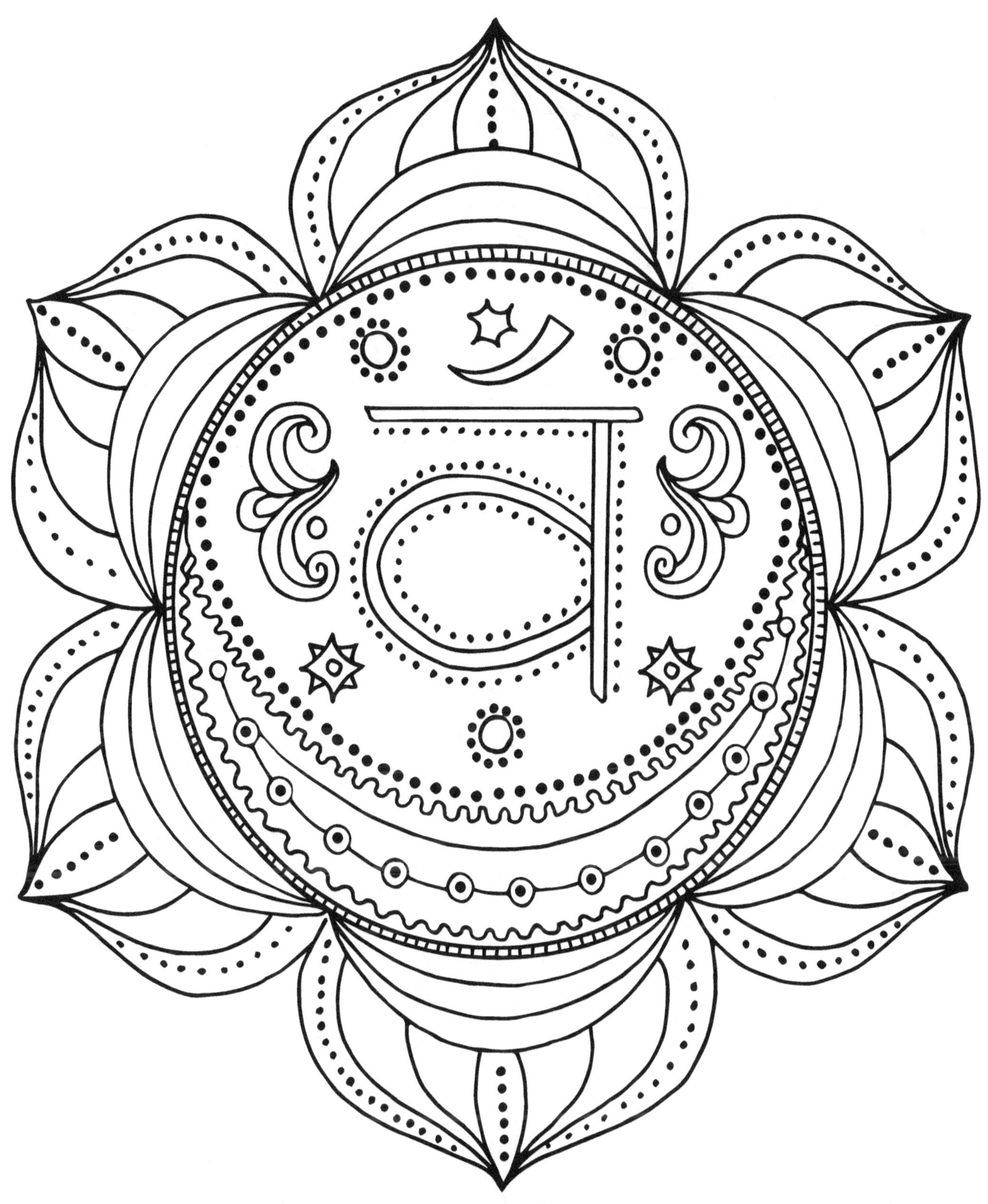

SONO CREATIVO

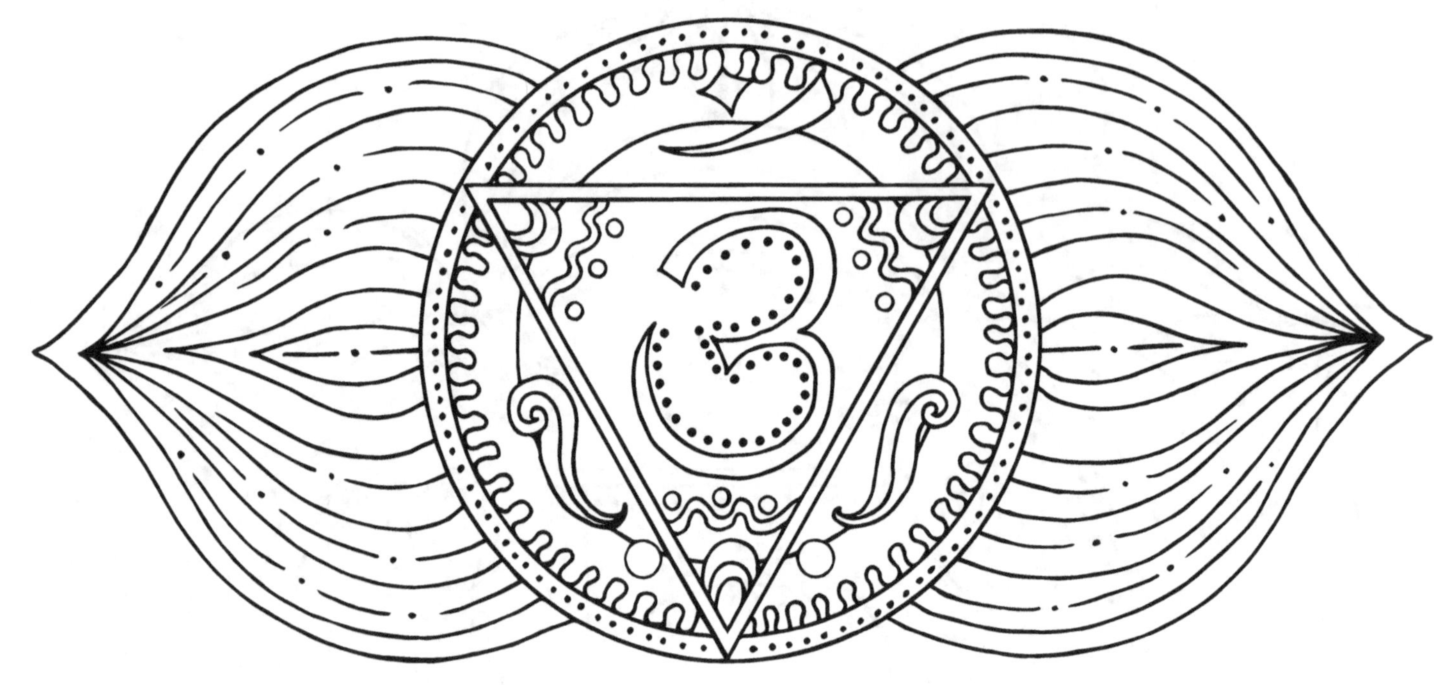

VEDO LE MIE
ESPERIENZE CON
AMORE E
COMPRENSIONE E
SONO GRATO

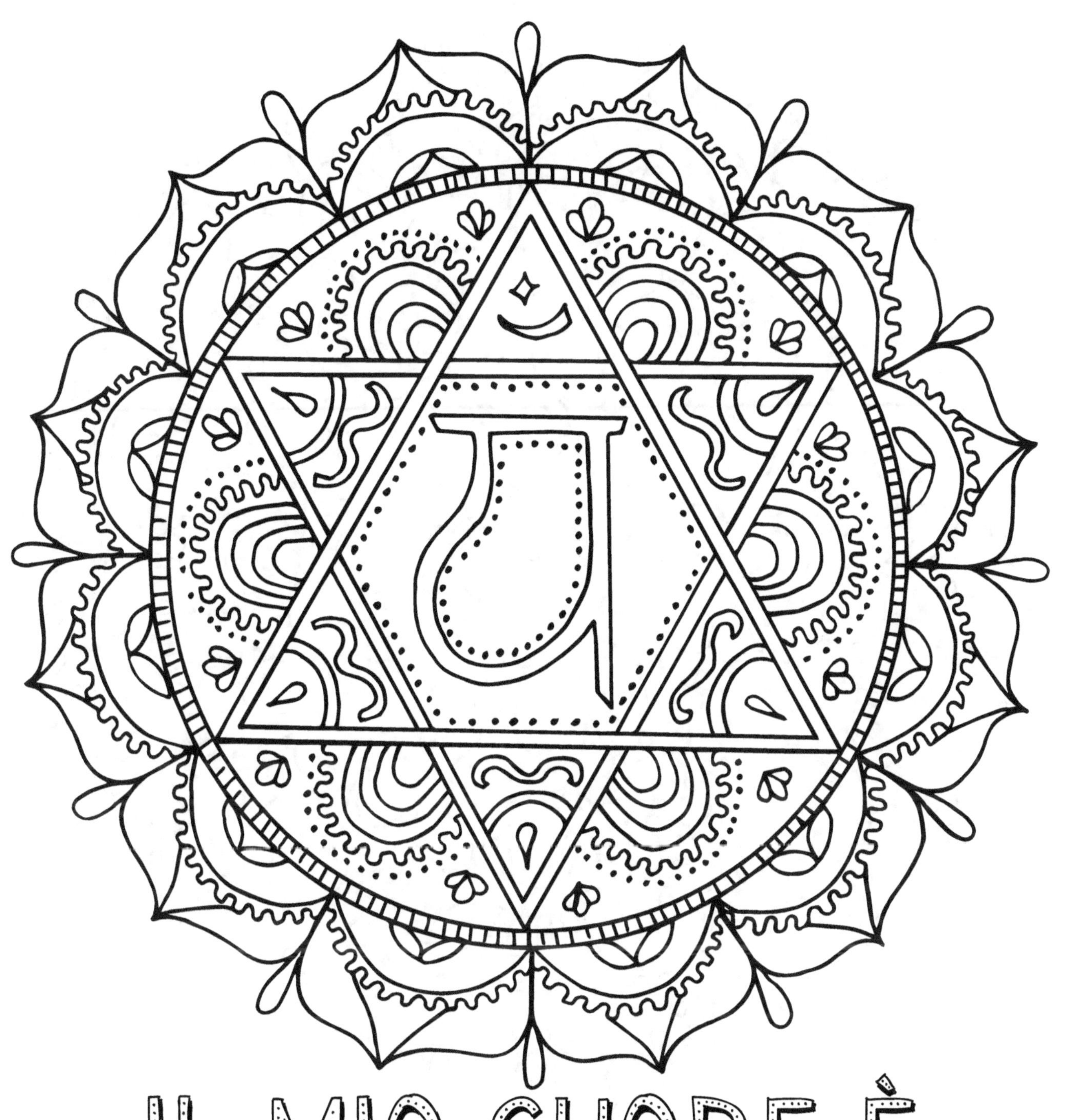

IL MIO CUORE È
TRABOCCANTE
CON AMORE

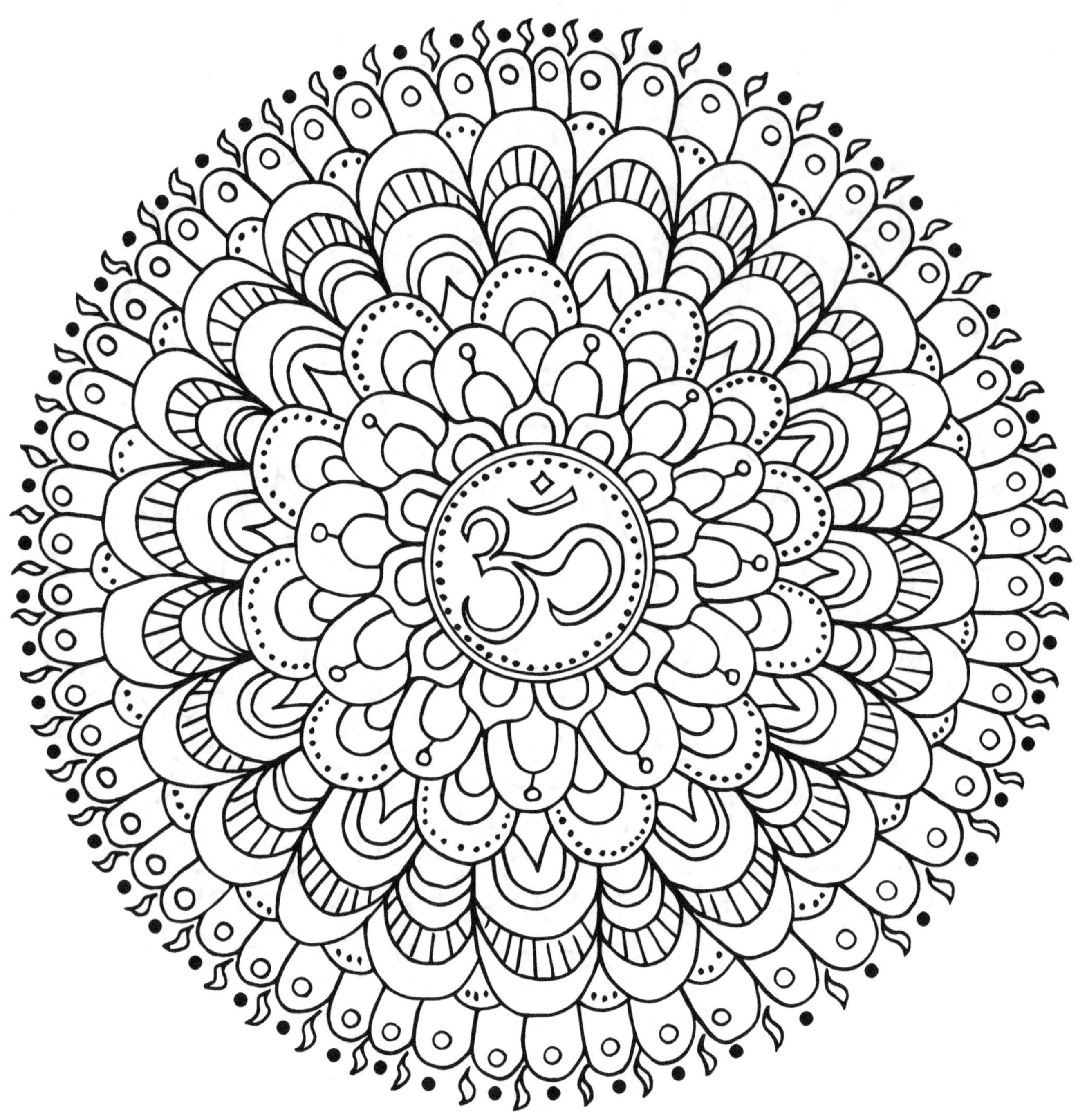

IO SONO L'AMORE
SONO LEGGERO
SONO CONNESSO A TUTTI

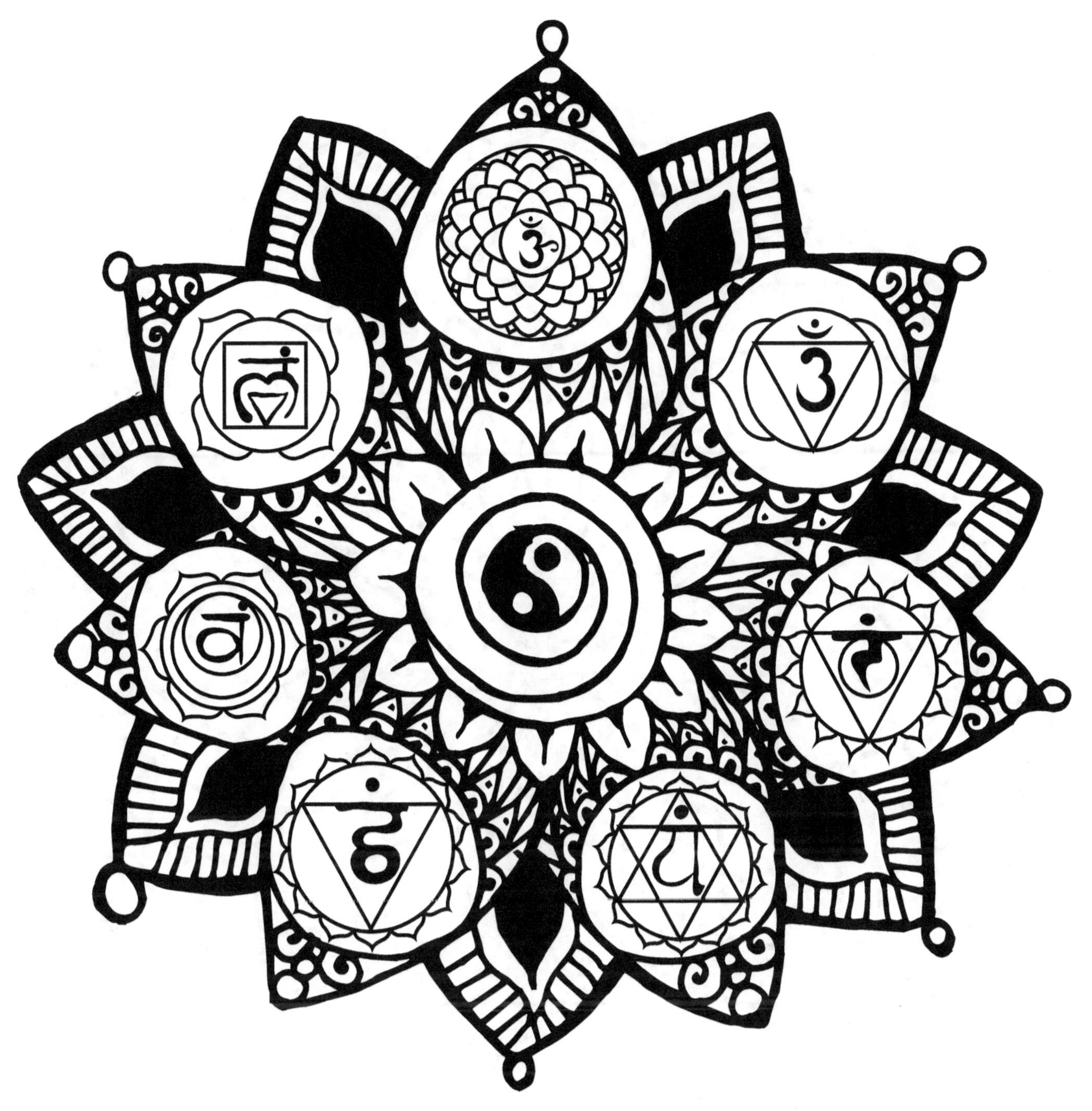

SONO ALLINEATO CON LA
PIÙ ALTA FREQUENZA
VIBRAZIONALE DELL'AMORE

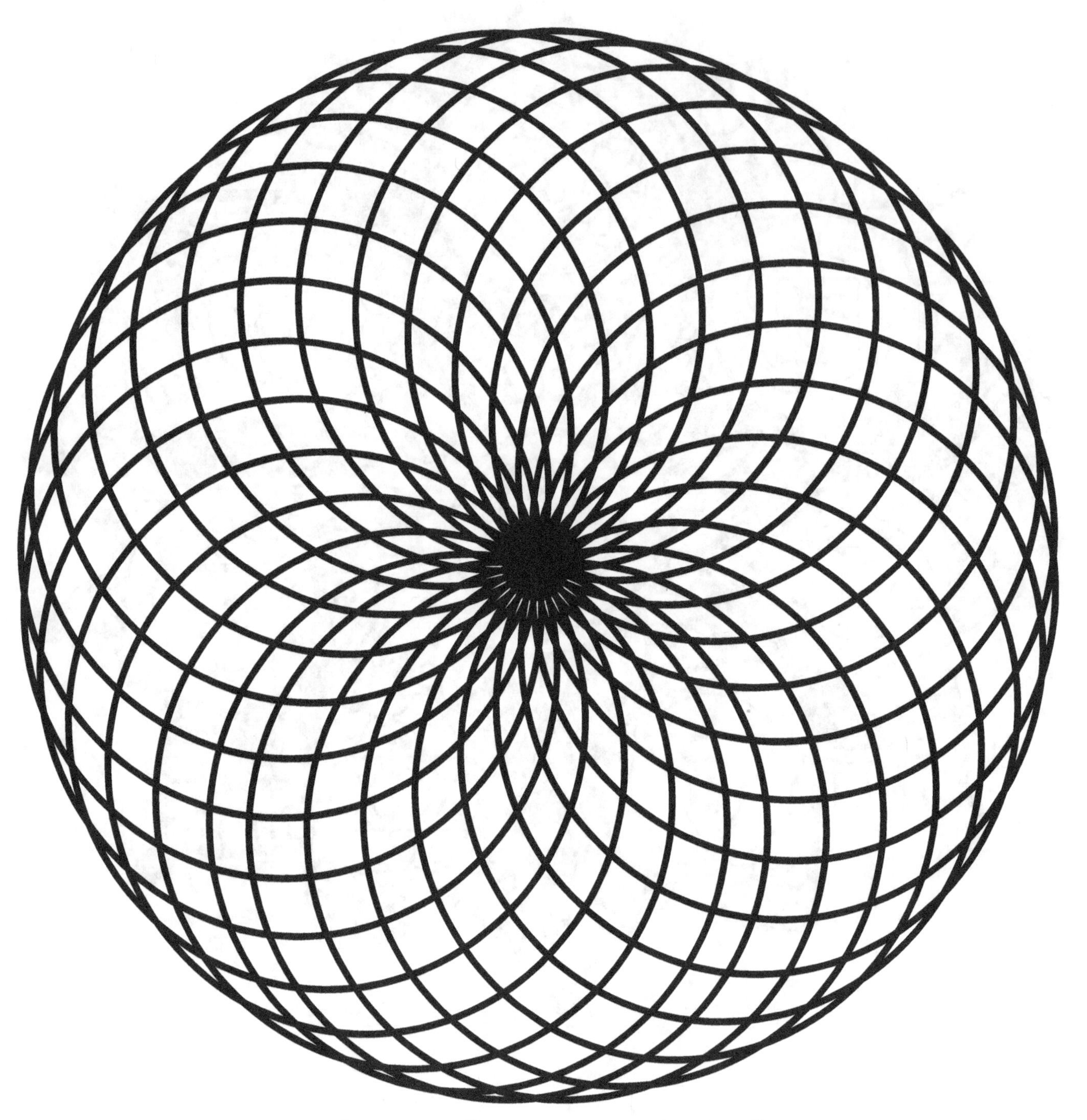

SONO PURO,
BELLISSIMO,
UNA LUCE RADIOSA

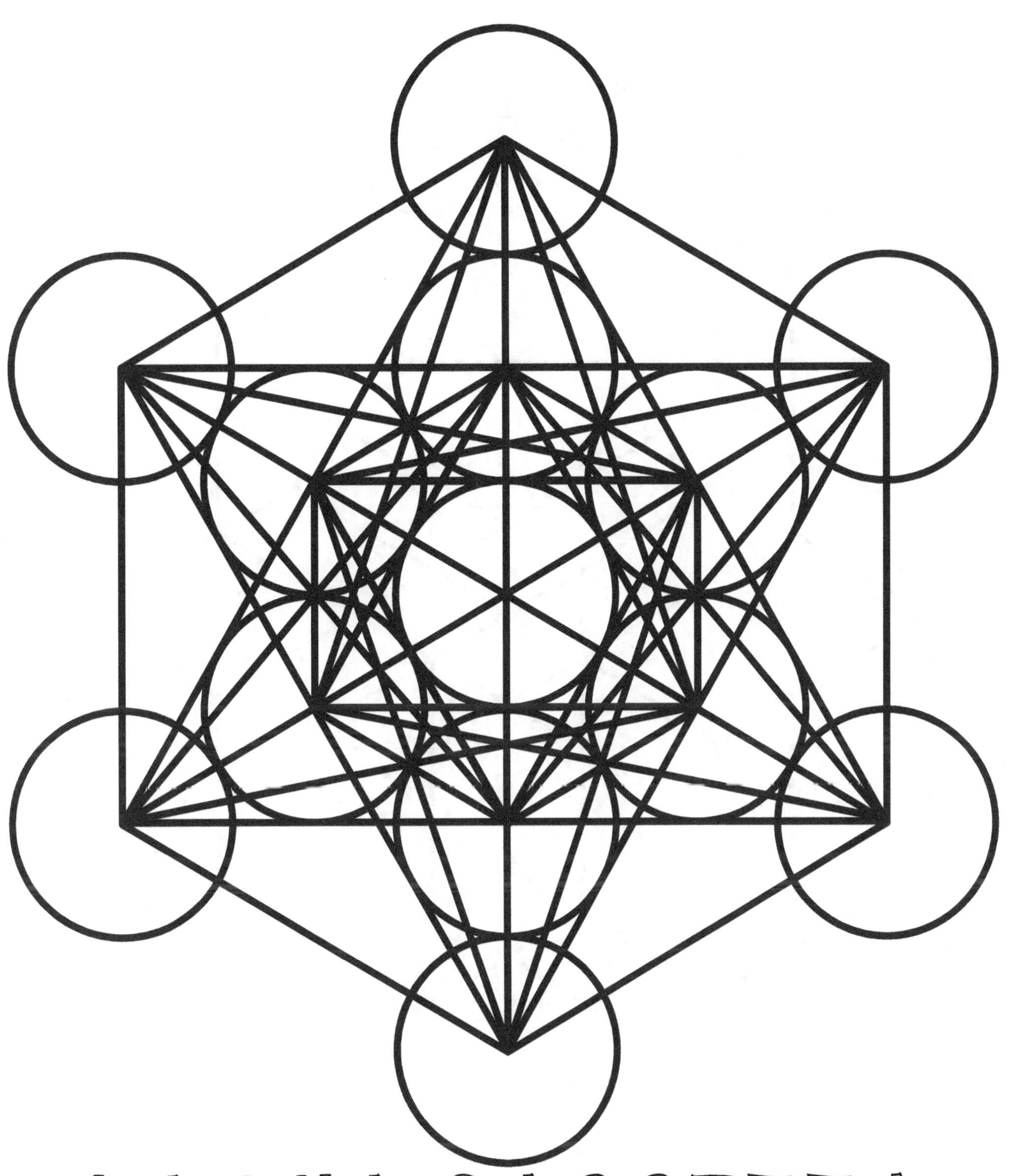

LA MIA SAGGEZZA INTERIORE MI GUIDA

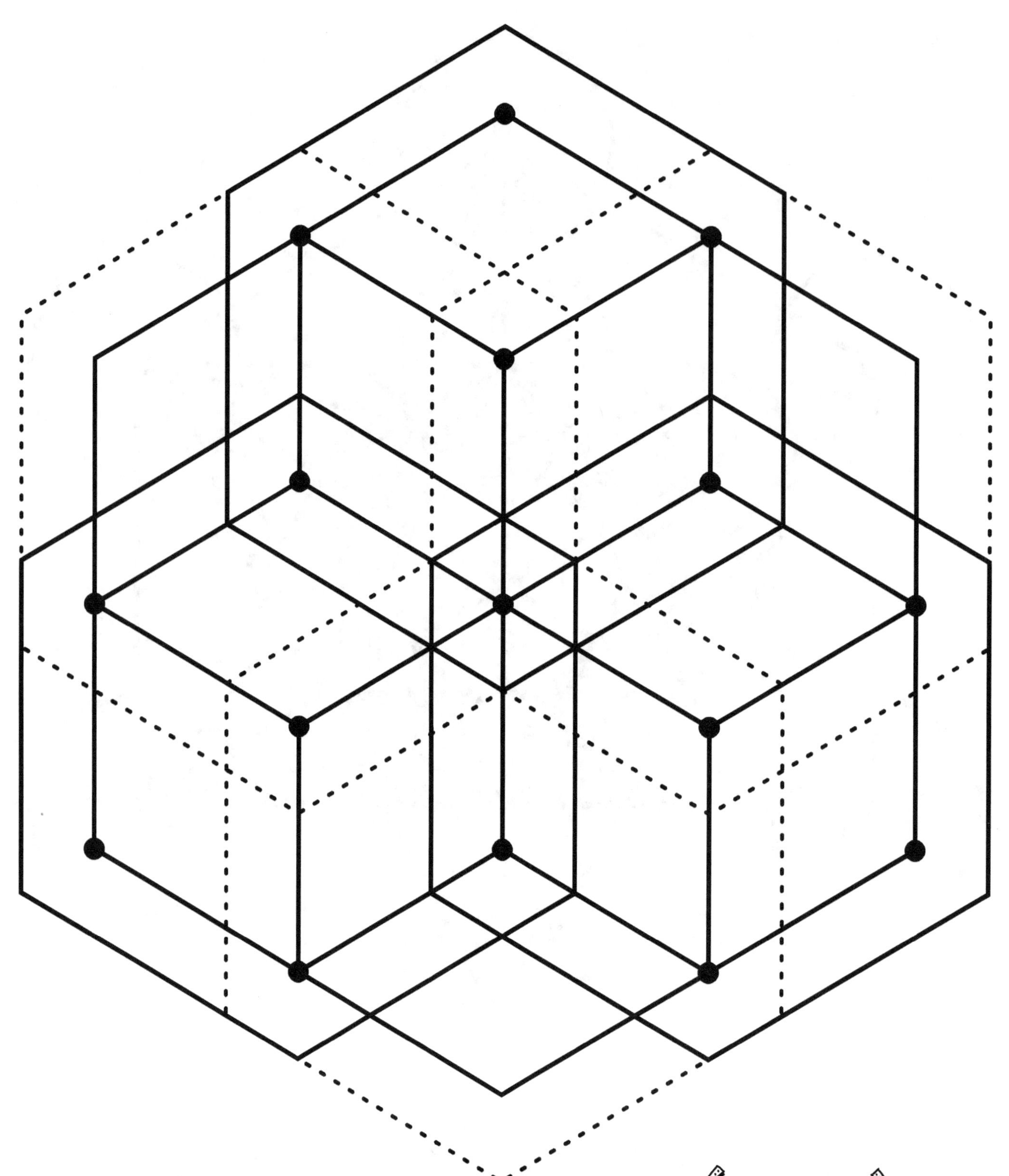

SONO IL MIO SÉ PIÙ
ALTO E PIÙ AUTENTICO

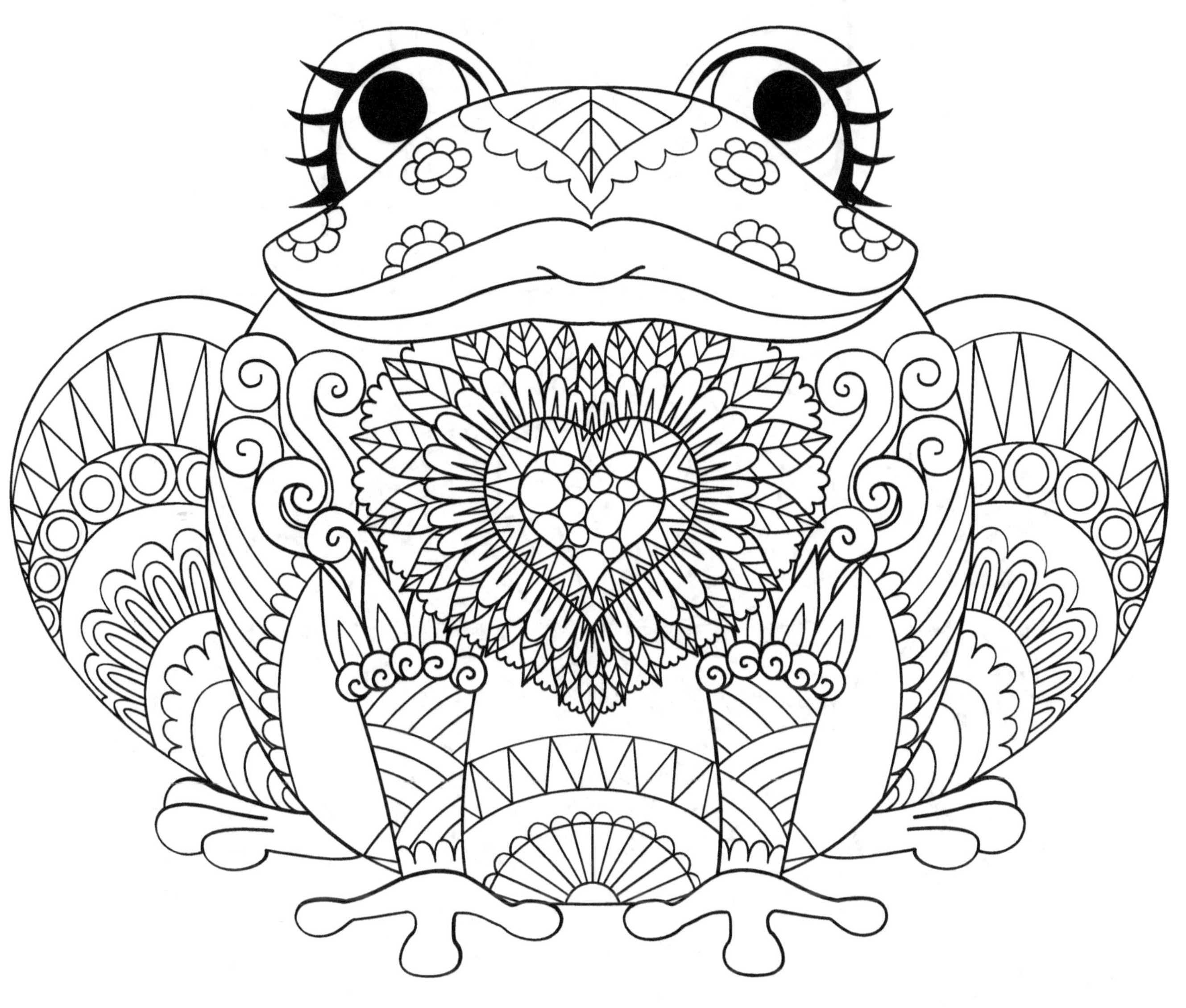

AMORE E BELLEZZA MI CIRCONDANO

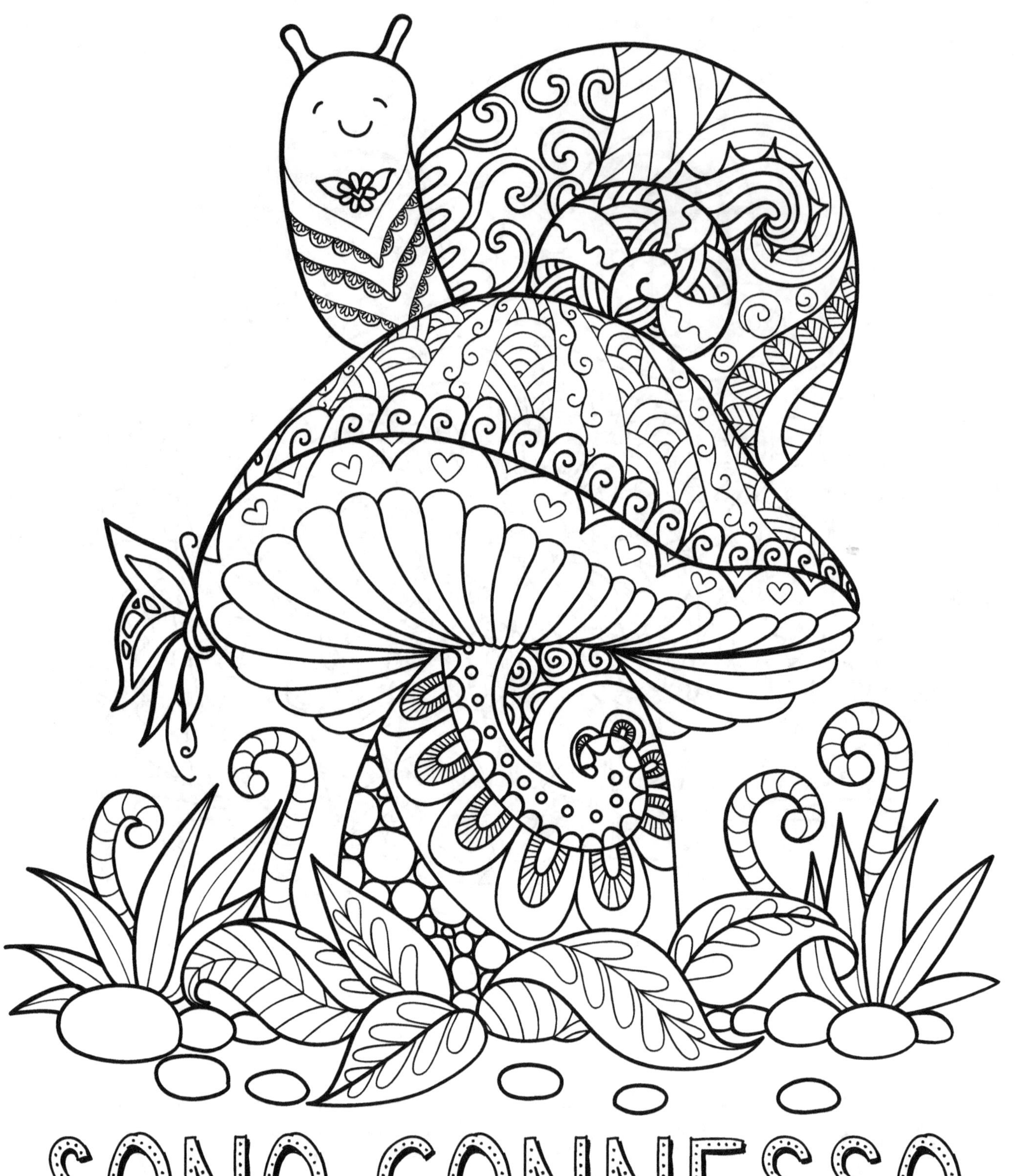

SONO CONNESSO ALL'UNIVERSO

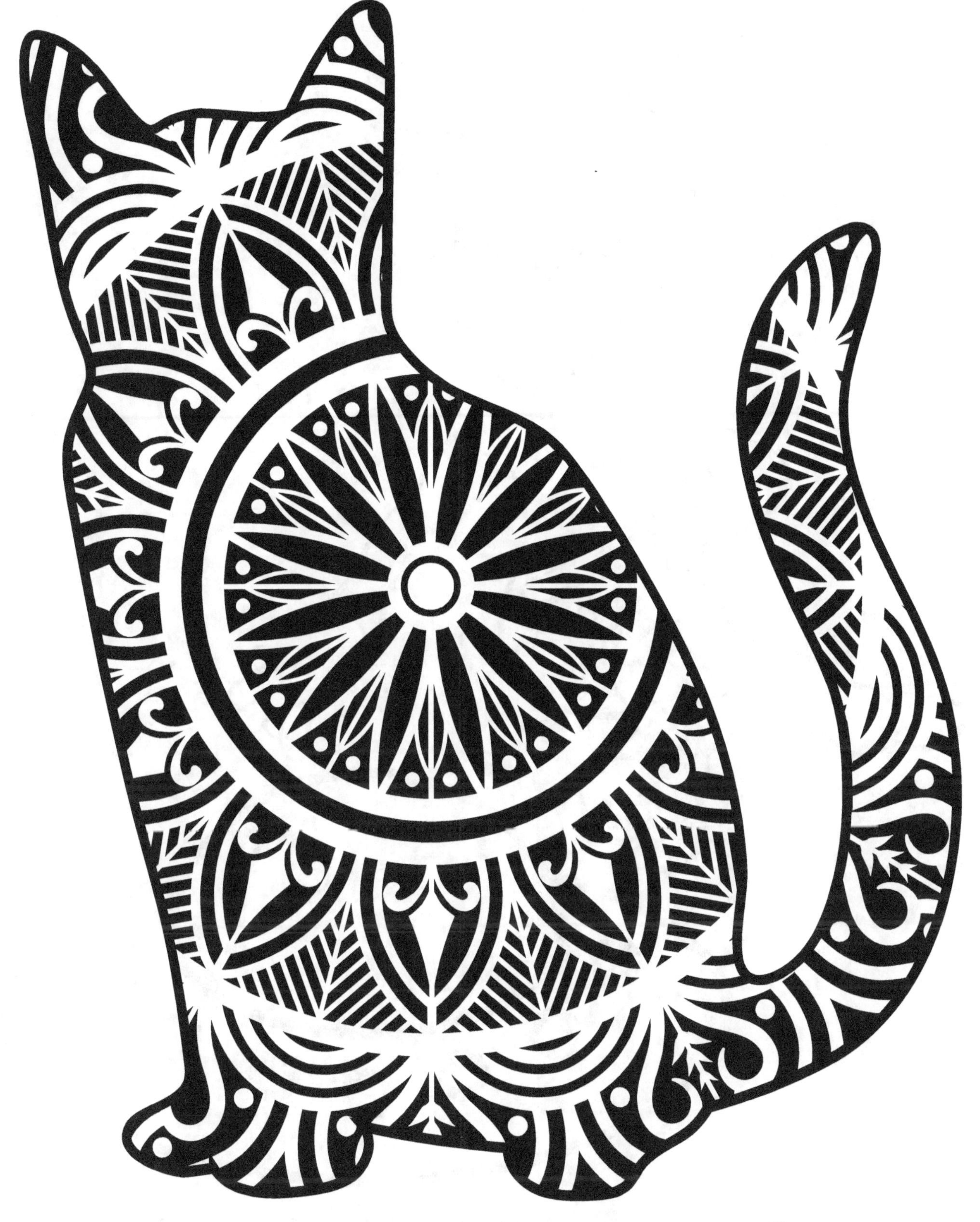

LA PACE ETERNA SCORRE ATTRAVERSO DI ME

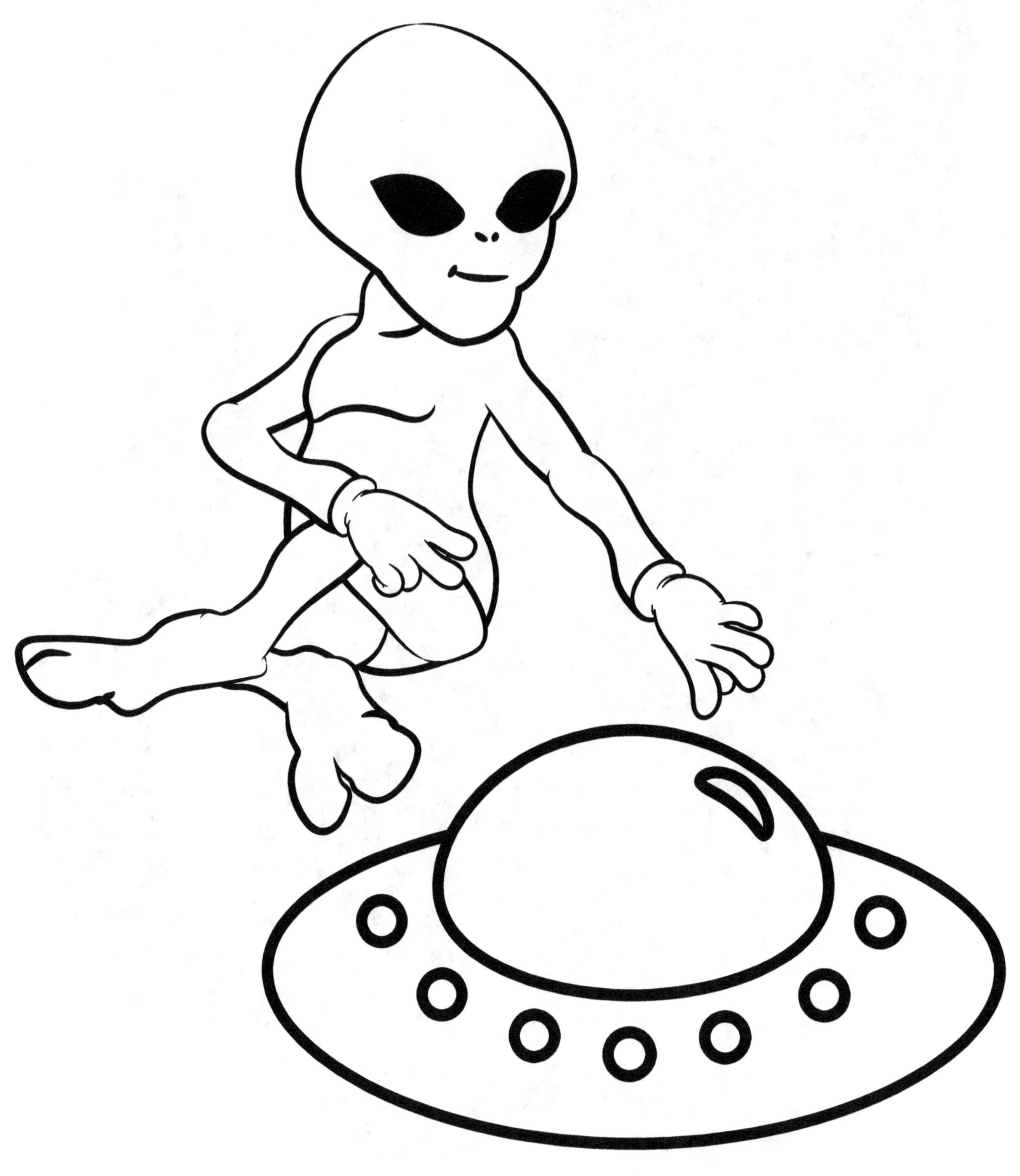

SONO CONNESSO A
TUTTA LA VITA

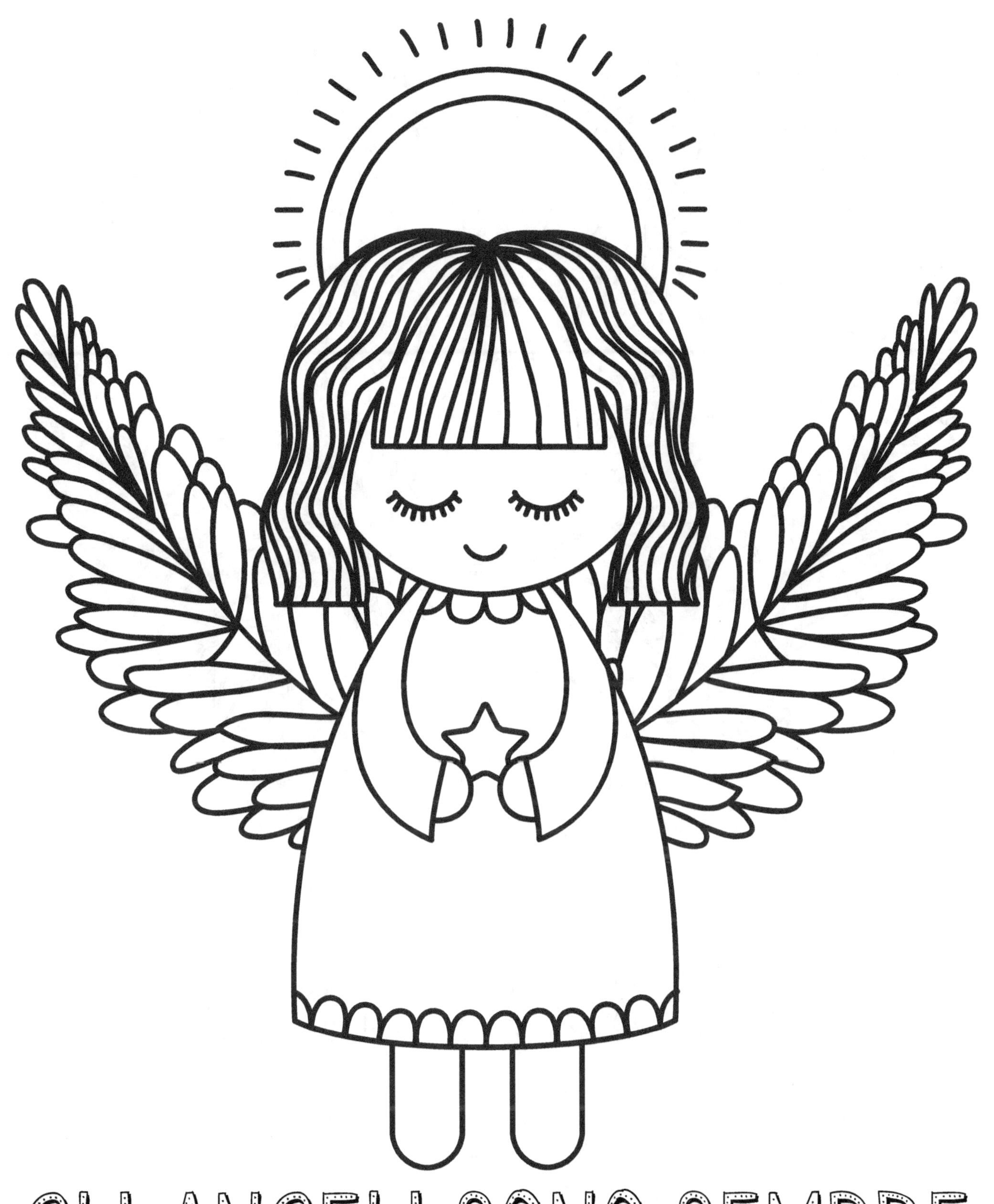

GLI ANGELI SONO SEMPRE
CON ME E MI GUIDANO

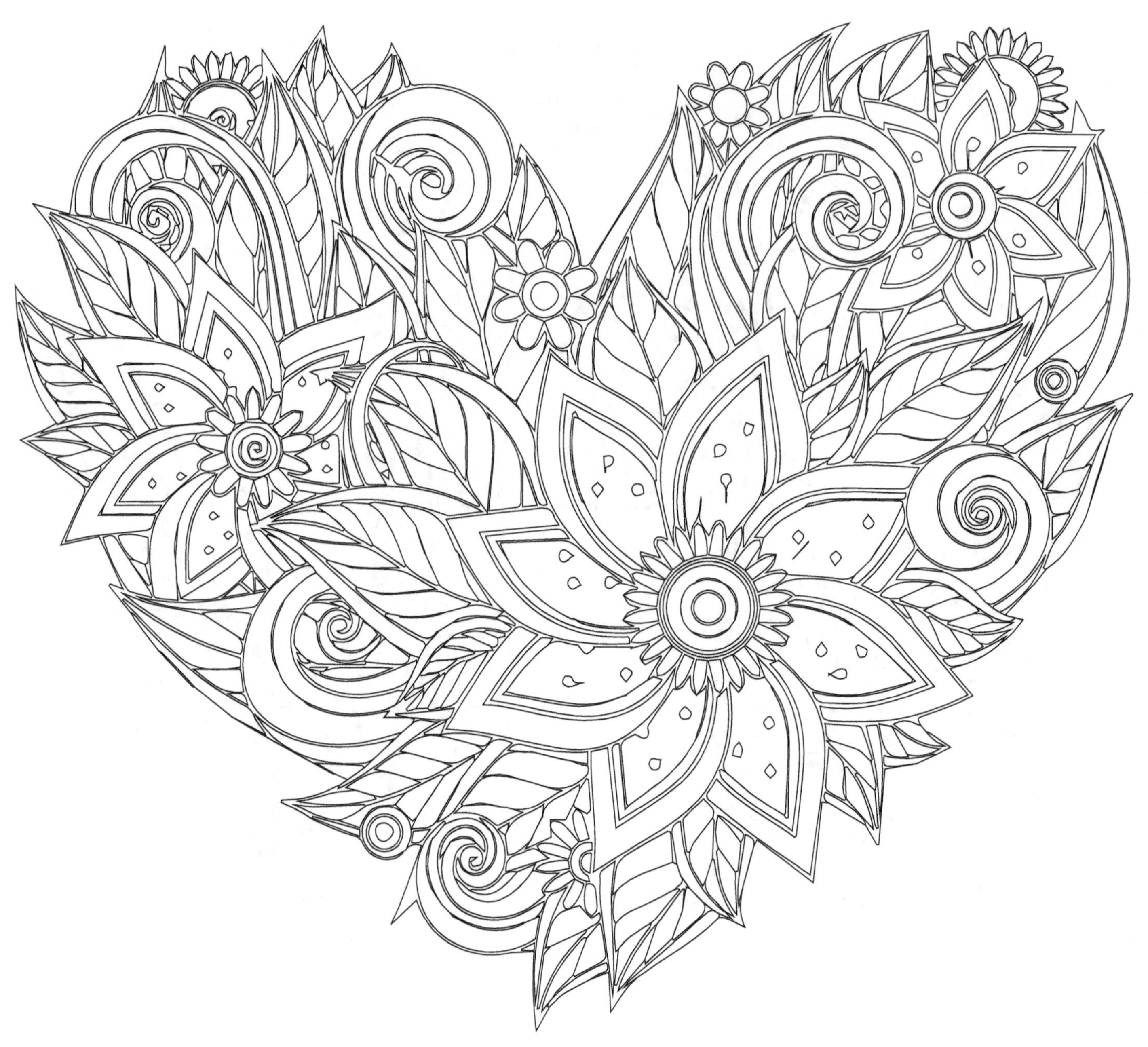

CONNESSO ALL'ENERGIA UNIVERSALE, L'AMORE VIENE ATTRAVERSO DI ME E SI DIFFONDE NEL MONDO

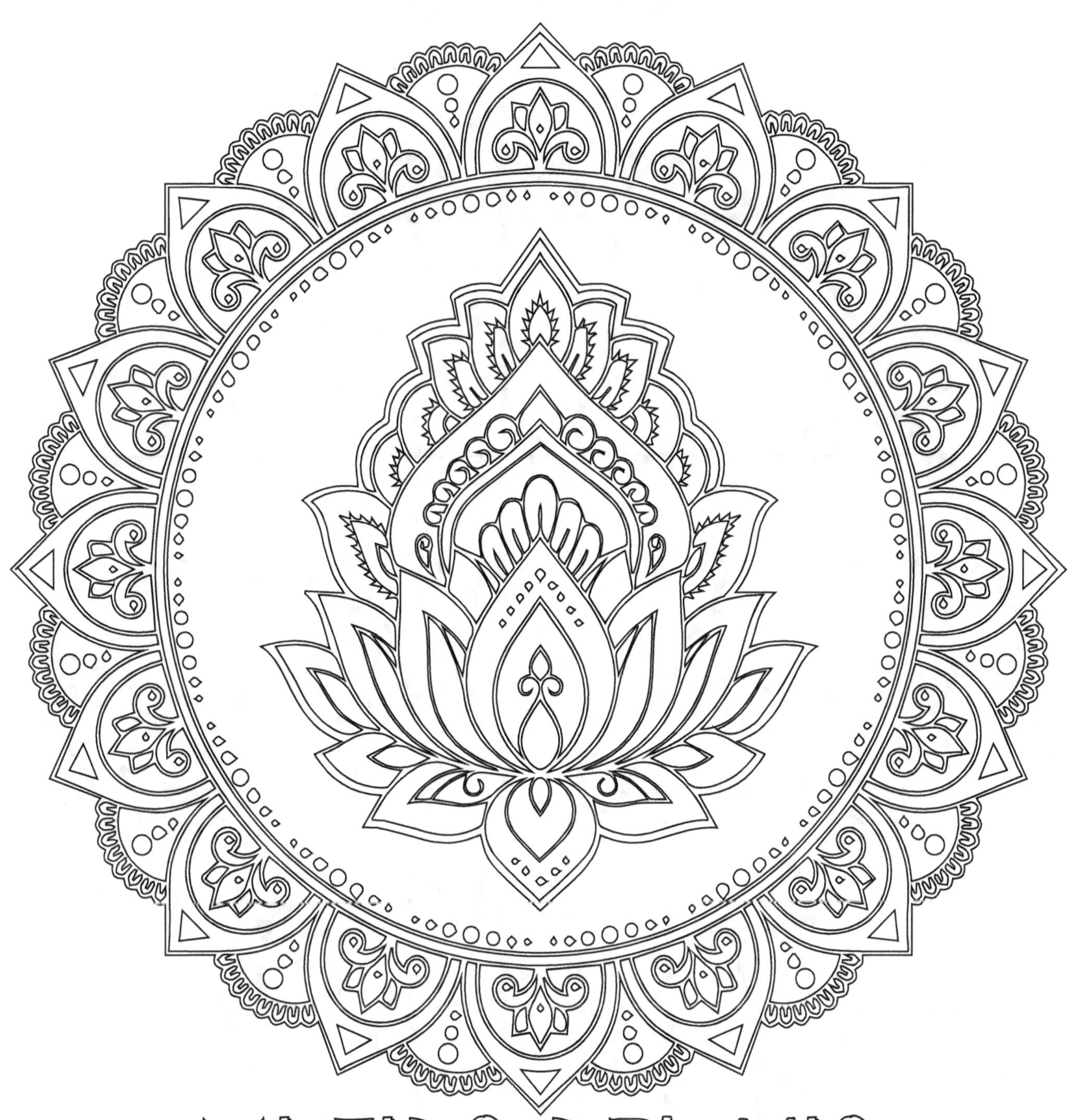

MI FIDO DEL MIO INTUITO E ASCOLTO LA SAGGEZZA DI L'UNIVERSO

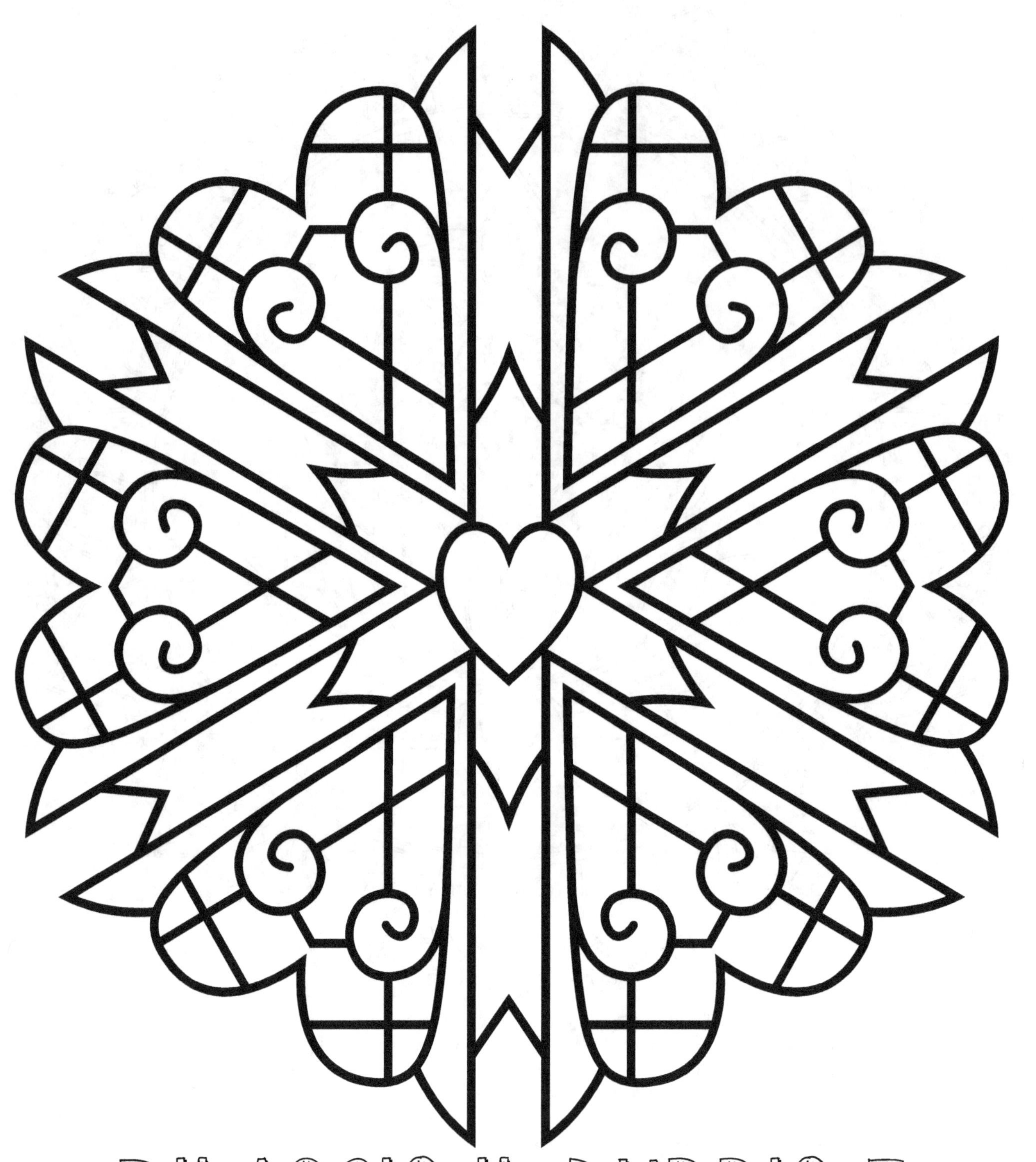

RILASCIO IL DUBBIO E ACCOLGO CON FAVORE LA FEDE

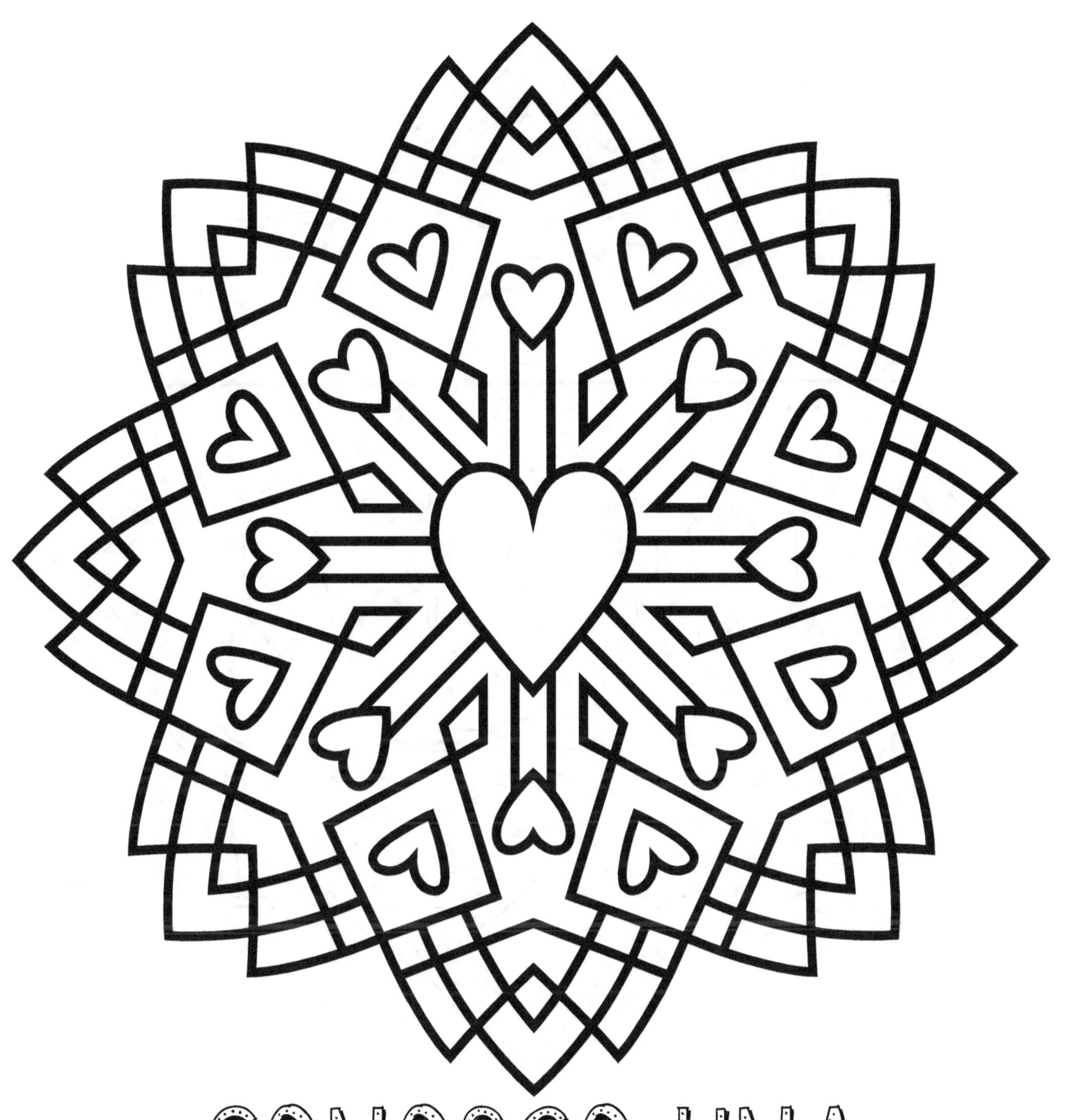

CONOSCO UNA PROFONDA PACE INTERIORE

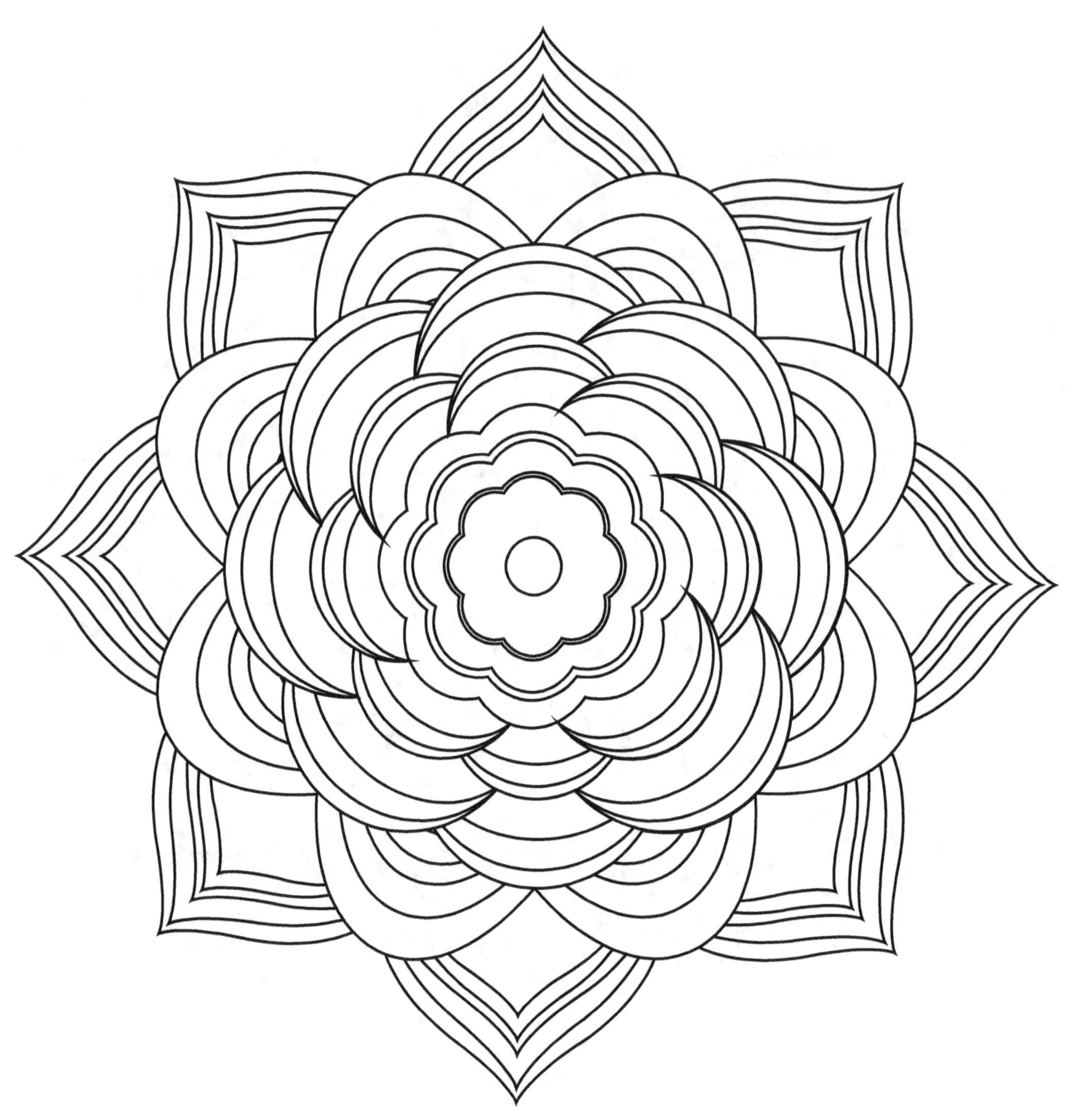

VIVO IL MOMENTO PRESENTE

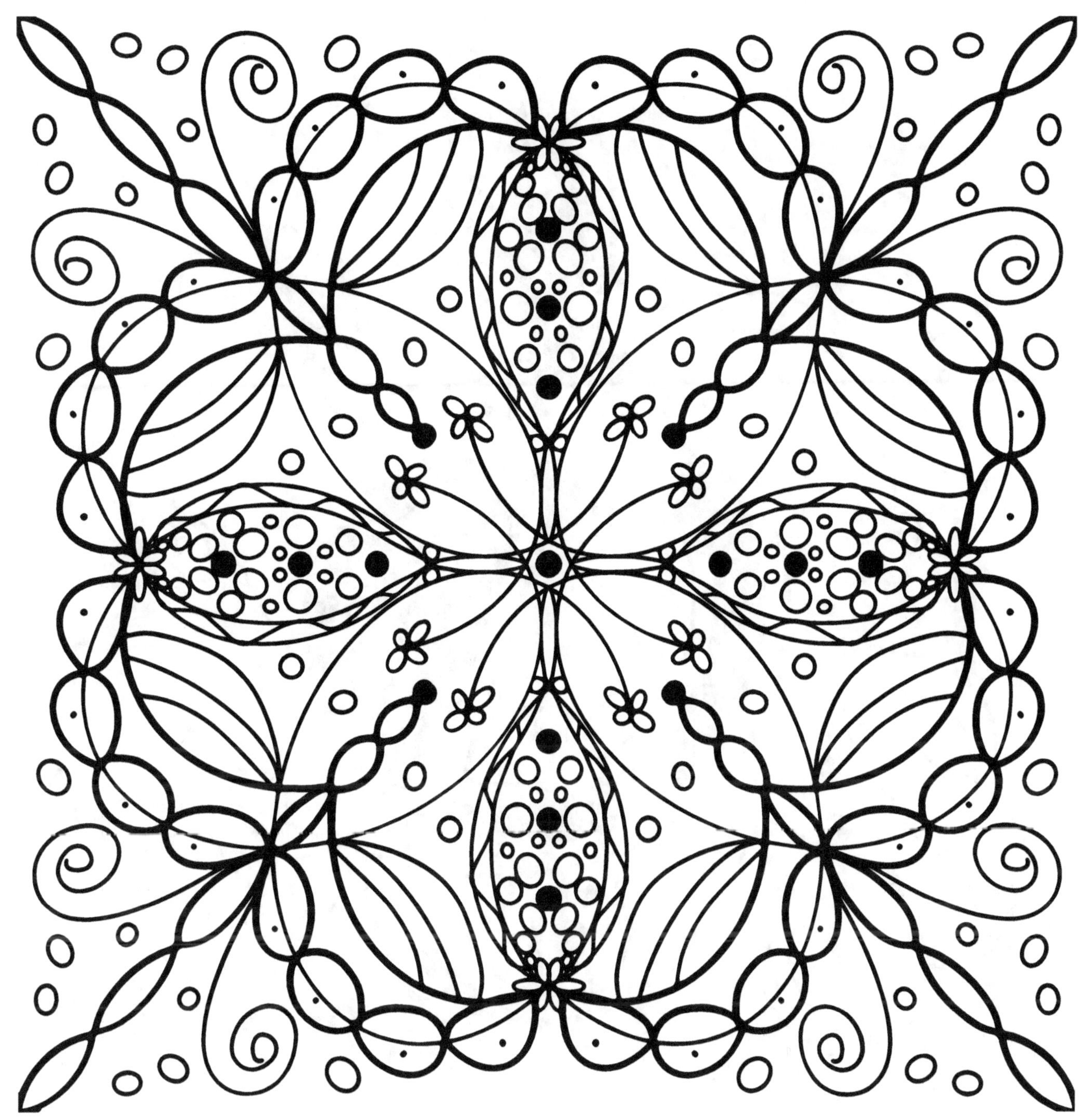

SONO PROFONDAMENTE E IN MODO SICURO CONNESSO AL MIO CORPO E LA TERRA

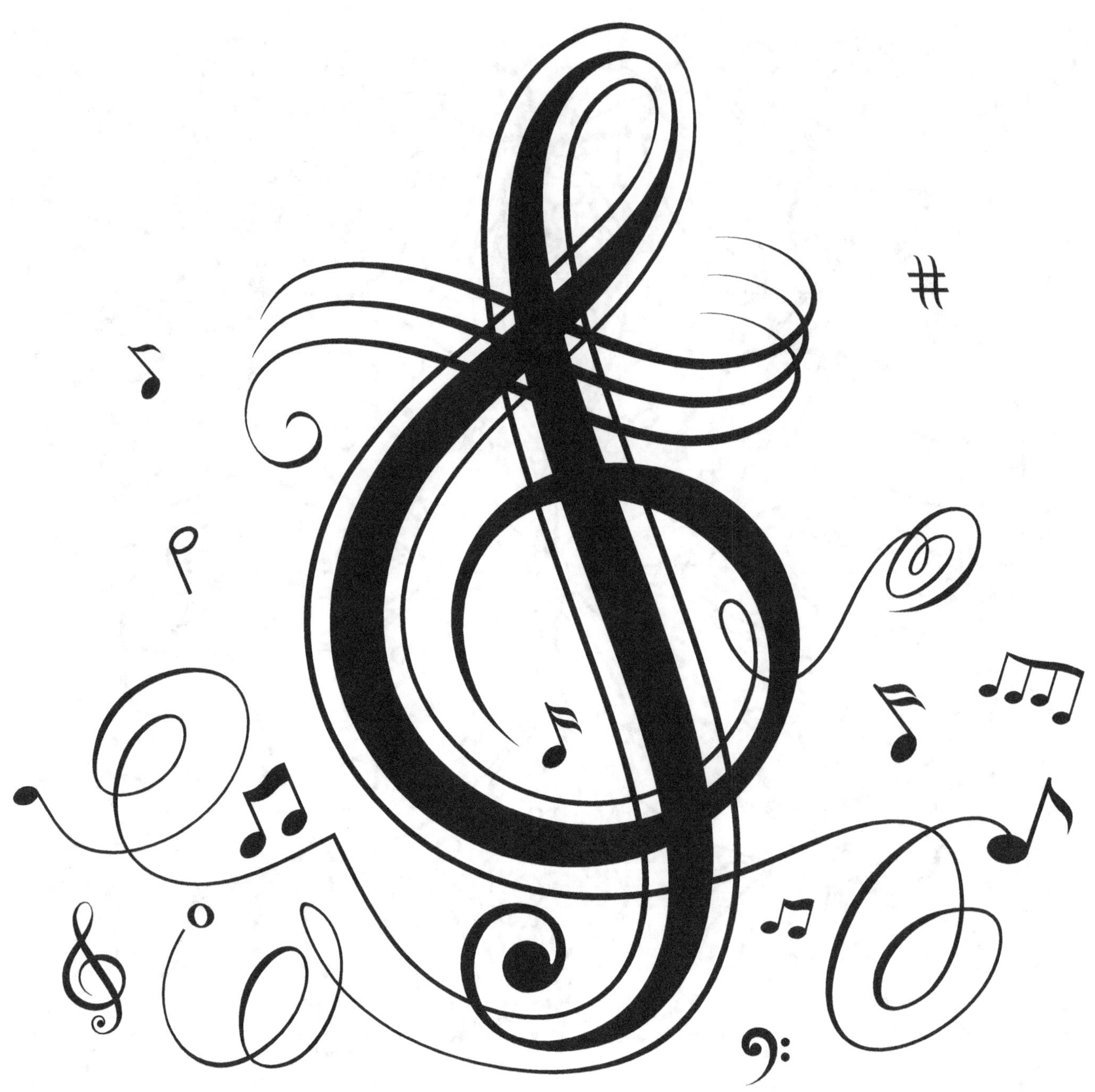

LA MUSICA MI GUARISCE

DEDICATO ALLA MIA BELLA E DOLCE MAMMA

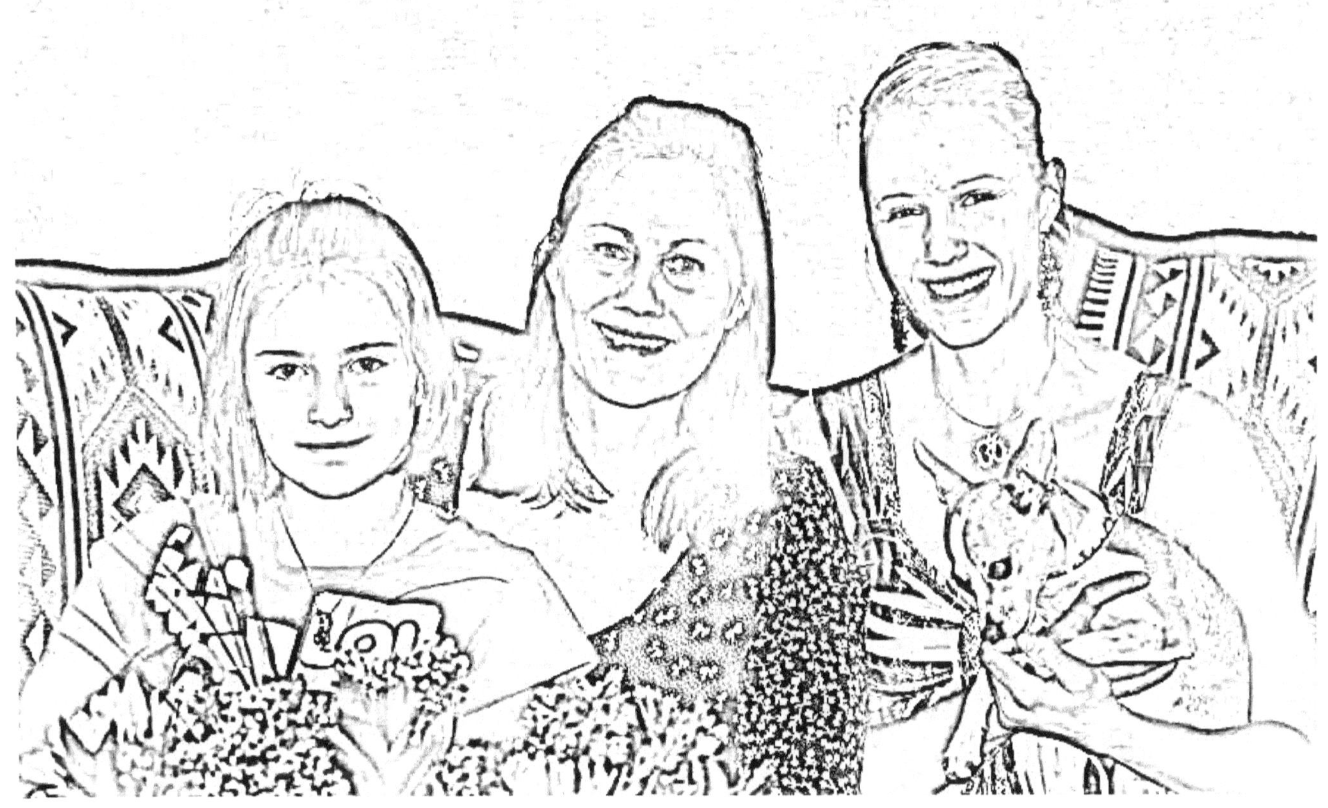

TI VOGLIO BENE

www.ingramcontent.com/pod-product-compliance
Lightning Source LLC
LaVergne TN
LVHW060825170826
845678LV00010B/1902
* 9 7 9 8 8 4 4 1 9 0 9 5 7 *